Elterngeld

Reviewed Research. Auf den Punkt gebracht.

Springer VS Results richtet sich an AutorInnen, die ihre fachliche Expertise in konzentrierter Form präsentieren möchten. Externe Begutachtungsverfahren sichern die Qualität. Die kompakte Darstellung auf maximal 120 Seiten bringt ausgezeichnete Forschungsergebnisse „auf den Punkt".
Springer VS Results ist als Teilprogramm des Bereichs Springer VS Research besonders auch für die digitale Nutzung von Wissen konzipiert. Zielgruppe sind (Nachwuchs-)WissenschaftlerInnen, Fach- und Führungskräfte.

Thordis Reimer

Elterngeld

Analyse der Wirkungen

 Springer VS

Thordis Reimer
Universität Bielefeld, Deutschland

ISBN 978-3-658-01619-7   ISBN 978-3-658-01620-3 (eBook)
DOI 10.1007/978-3-658-01620-3

Die Deutsche Nationalbibliothek verzeichnet diese Publikation in der Deutschen Natio-
nalbibliografie; detaillierte bibliografische Daten sind im Internet über http://dnb.d-nb.de
abrufbar.

Springer VS
© Springer Fachmedien Wiesbaden 2013

Gedruckt auf säurefreiem und chlorfrei gebleichtem Papier

Springer VS ist eine Marke von Springer DE. Springer DE ist Teil der Fachverlagsgruppe
Springer Science+Business Media.
www.springer-vs.de

Inhalt

1 Einleitung

Mit dem Elterngeld werden in der Bundesrepublik Deutschland seit dem 01.01.2007 im Rahmen des BEEG (Bundeselterngeld- und Elternzeitgesetz) neue finanzielle Unterstützungen für Eltern nach der Geburt ihrer Kinder bereitgestellt. Die damit verbundenen Leistungen wurden zum einen als Unterstützung für Familien angelegt, sind zum anderen jedoch insbesondere auch Teile eines Paketes „nachhaltiger Familienpolitik" (Deutscher Bundestag 2008: 5), in der ein ganzer Katalog von Zielen zusammengefasst ist. Mit Hilfe dieses Maßnahmenpaketes soll unter anderem der Geburtenrückgang umgekehrt werden (RWI 2008: 6), gleichere und gerechtere Verhältnisse für beide Geschlechter erreicht werden, sowie das Humanvermögen entwickelt werden (Deutscher Bundestag 2008: 5). Neben solchen Zielen, die einen Wandel von gesellschaftlichen Strukturen verfolgen, beinhaltet das Paket der nachhaltigen Familienpolitik auch auf die Individuen gerichtete Ziele. Ihnen soll das Elterngeld einerseits die Verwirklichung von Kinderwünschen ermöglichen (Ehlert 2008: 5) und andererseits ihre Wahlfreiheit bezüglich spezifischer Lebensmodelle hinsichtlich einer geschlechtergerechten Arbeitsteilung vergrößern (RWI 2008: 2006); des Weiteren sollen zum einen die Väter insbesondere im Rahmen der allein auf sie gerichteten Vätermonate „aktiviert" (Ehlert 2008: 5) werden und zum anderen soll den Müttern durch die zeitliche Befristung des Elterngeldes die Entscheidung zu einem schnellen Wiedereinstieg in den Beruf erleichtert werden, so dass sie in Zukunft selbstständig in der Lage sind, ihre Rente zu erwirtschaften (Deutscher Bundestag 2008: 23).

Die Einführung des Elterngeldes war und ist somit mit hohen Erwartungen an gesellschaftlichen Wandel in sehr unterschiedlichen Bereichen verbunden. Dabei spielt die *Anreizfunktion* des Elterngeldes eine besondere Rolle. Ausgehend von der theoretischen Vorannahme einer Dominanz ökonomischer Überlegungen auf das Verhalten von (zukünftigen) Eltern soll sich das Leistungspaket auf die *Wahl* ihrer *Entscheidungen* auswirken. Zu den Zielen dieses Versuches einer Strukturierung von Handlungen durch finanzielle Anreize gehören insbesondere

1. die Erhöhung der Geburtenrate,
2. eine geschlechtergerechtere Aufteilung von Erwerbsarbeit und Sorgearbeit sowie
3. ein schnellerer Wiedereinstieg in die Erwerbstätigkeit von Frauen nach der Geburt eines Kindes.

Im Folgenden soll nun überprüft werden, inwieweit sich diese mit dem Elterngeld einhergehenden Zielsetzungen verwirklichen ließen. Als Grundlage dieser Untersuchung werden die Daten des SOEP (Sozio-oekonomisches Panel)[1] herangezogen. Im Rahmen eines Vergleiches der Daten aus 2005 und 2006 (vor der Einführung des Elterngeldes) mit den Daten aus 2007 und 2008 (nach der Einführung des Elterngeldes) sollen die mit der Einführung des Elterngeldes einhergehenden Entwicklungen nachgezeichnet werden. Zum einen wird dabei danach gefragt, welche gesellschaftlichen Entwicklungen sich in Bezug auf Demografie, väterliche Beteiligung an der Kinderbetreuung und mütterliche Erwerbsbeteiligung im Rahmen dieser neuen Leistungen für Familien erkennen lassen; zum anderen wird die Analyse von der Frage begleitet, ob und inwieweit tatsächlich direkte Wirkungen bezüglich der mit den Leistungen des Elterngeldes einhergehenden Anreize deutlich werden.

Zur Beantwortung der Frage nach der Wirksamkeit familienpolitischer Instrumente für die Rahmung und Beeinflussung gesellschaftlicher Entwicklung ist die Untersuchung der Einführung des Elterngeldes in Deutschland besonders vielversprechend: Hier trifft ein und dasselbe familienpolitische Instrument auf historisch unterschiedlich gewachsene Familien- und Erwerbskulturen in den neuen und den alten Bundesländern. Die Untersuchung der Wirkungen des Elterngeldes kann daher möglicherweise Einblicke in Bezug darauf gewähren, inwieweit monetäre Anreizsetzungen im Rahmen familienpolitischer Instrumente tatsächlich in der Lage sind, gesellschaftliche Verhältnisse zu strukturieren, und inwieweit kulturelle Momente die Wirksamkeit solcher Instrumente rahmen.

Insgesamt ist diese Untersuchung nicht nur dazu geeignet, das Instrument Elterngeld auf seine Wirksamkeit in Bezug auf drei dem Elterngeld inhärente Kernziele hin zu überprüfen, sondern dient zusätzlich der Gegenüberstellung zweier konkurrierender sozialwissenschaftlicher Erklärungskonzepte mit der Frage, ob es eher *ökonomische Kalküle* oder *kulturelle Momente* sind, die die Entscheidungen von (zukünftigen) Eltern prägen.

Die Analyse ist wie folgt strukturiert: In einem ersten Teil werden die Grundlagen familienpolitischer Instrumente beleuchtet. Hier geht es einerseits um die Frage, welche politischen Motivationen solchen Instrumenten zugrunde liegen und andererseits, welche spezifischen theoretischen Handlungskonzepte den formulierten Wirkungsannahmen derartiger gesellschaftspolitischer Strukturelemente inhärent sind. Im Anschluss daran wird das Elterngeld in seiner jetzigen Leistung dargestellt, um in der späteren Analyse Tendenzen adäquat interpretieren zu können. Für die Frage danach, inwieweit sich die mit der Einführung des Elterngeldes verbundenen Ziele

---

1   Das Sozio-oekonomische Panel (SOEP) ist eine Längsschnittstudie, die seit 1986 vom DIW (Deutsches Institut für Wirtschaftsforschung) durchgeführt wird. In der Befragungswelle 2010 (Daten liegen seit kurzem vor) wurden insgesamt ca. 10.800 deutsche Haushalte befragt und Daten zu ca. 19.100 Personen in Deutschland erfasst. Das SOEP ist die wichtigste international sichtbare Forschungsinfrastruktur für gesellschaftlich bedeutsame Fragen wie Wertewandel, Zukunftserwartungen, Gerechtigkeit, wirtschaftliche und soziale Verhältnisse der Haushalte sowie Gesundheit, Lebenszufriedenheit, Vertrauen und Risikobereitschaft in Deutschland (BMBF 2011: 36).

einer erhöhten Geburtenrate, mehr Väterbeteiligung an der Kinderbetreuung sowie einem vermehrten Einstieg von Müttern in die Erwerbsarbeit ein Jahr nach der Geburt verwirklichen ließen, werden diese drei gesellschaftlichen Themen im darauf folgenden Teil zusammenfassend dargestellt. Daran anschließend erfolgt ein Überblick über die zugrunde liegenden Daten sowie die angewandten Analysemethoden. Die Analyse findet getrennt nach den drei Untersuchungsbereichen statt. Abschließend wird im Rahmen einer Zusammenfassung der Ergebnisse eine Einschätzung der Wirksamkeit des Elterngeldes in Bezug auf die drei untersuchten Zielbereiche vorgenommen.

Die Ergebnisse dieser Untersuchung sollen einen ersten Eindruck gewähren, inwieweit das familienpolitische Instrument „Elterngeld" die gesetzten Ziele erfüllen konnte oder auch nicht. Insbesondere aufgrund der benannten Dringlichkeit der „Umkehr des Geburtenrückgangs" ist eine Bewertung der Wirksamkeit dieses Instrumentes von hoher gesellschaftlicher Bedeutung.

2 Das Elterngeld

Dem Beispiel skandinavischer Staaten folgend, in denen Elternzeiten und dazugehö-
rige Lohnersatzleistungen längst von Eltern genutzt werden können[2], wurde das
Elterngeld mit Wirkung zum 01.01.2007 vom Bundestag verabschiedet. Im Zuge der
Einführung des Elterngeldes verändern sich in Deutschland nicht nur die Leistungen
für Familien nach der Geburt eines Kindes; mit der neuen wohlfahrtsstaatlichen
Rahmung der finanziellen Unterstützungen für Familien wird das Zusammenspiel
von Familie, Markt und Staat neu definiert.

Um die Wirkungen des Elterngeldes als familienpolitischem Instrument adäquat
untersuchen zu können, bedarf es eines eingehenden Verständnisses eines solchen
wohlfahrtsstaatlichen Elements. Dazu werden im folgenden Teil vorerst sowohl
politische Hintergründe familienpolitischer Maßnahmen beleuchtet als auch die in
diesem Instrument enthaltenen handlungstheoretischen und gesellschaftstheoreti-
schen Vorannahmen.

2.1 Familienpolitik in Wohlfahrtsstaaten

Das 2007 in Deutschland eingeführte Elterngeld wurde im Rahmen eines ganzen
Paketes verschiedener familienpolitischer Maßnahmen konzipiert. Innerhalb eines
Programmes „nachhaltiger Familienpolitik" sollte das Elterngeld als *ein* sozialpoliti-
sches Instrument unter anderen den Weg für mehr Gleichheit der Geschlechter berei-
ten, zu einer vermehrten Erwerbsbeteiligung von Frauen führen sowie einem fortbe-
stehenden Geburtenrückgang entgegenwirken. Neben der Einführung des Elterngeldes wurden auch sozialstrukturelle Entwicklungsziele formuliert wie z.B. ein Ausbau
der Kinderbetreuungsmöglichkeiten. Die folgende Abbildung bietet einen Überblick
über die einzelnen Ziele dieser „nachhaltigen Familienpolitik".

---

2 Das deutsche Elterngeld wurde den schon länger bestehenden Leistungen für Eltern in skandina-
   vischen Ländern nachempfunden. In Norwegen gibt es Elterngeld seit 1978. Hier werden den Eltern 100% des bisherigen Bruttogehaltes für maximal zehn Monate weitergezahlt, wahlweise
   80% für zwölf Monate; der Partner muss davon mindestens fünf Wochen in Anspruch nehmen
   (die so genannten Partnermonate wurden 1993 eingeführt), Eltern ohne vorheriges Einkommen
   erhalten eine steuerfreie Geburtsprämie über 4200,- Euro (d.h. 350,- Euro im Monat für ein
   Jahr). In Schweden gibt es ein Elterngeld seit 1974: Es umfasst einen dreizehnmonatigen Anspruch auf ein Elterngeld als 80%ige Lohnersatzleistung. In Dänemark gibt es seit 1984 einen
   zwölfmonatigen Elterngeldanspruch: Er beträgt in den ersten sechs Monaten 100%, in den Fol-
   gemonaten 90% des vorherigen Lohns. In Finnland wird Elterngeld seit 1982 für neun Monate
   gezahlt: Es umfasst 70% des vorherigen Nettolohns. Auch in Litauen und Estland wurde mittlerweile ein Elterngeld eingeführt: In Litauen wird für sechs Monate ein Elterngeld in Höhe von
   100% und für weitere sechs Monate in Höhe von 85% des vorherigen Lohns gezahlt und in Estland gibt es für ein ganzes Jahr eine 100%ige Lohnersatzleistung.

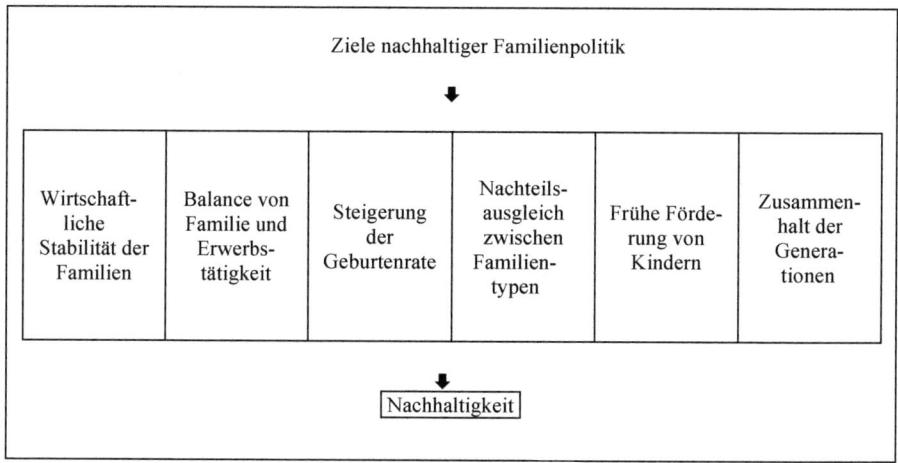

Abbildung 1: Ziele nachhaltiger Familienpolitik

Quelle: Deutscher Bundestag (2008: 6)

Um ein familienpolitisches Instrument wie das Elterngeld angemessen erfassen zu können, bedarf es eines erweiterten Verständnisses von Familienpolitik: Was sind die gesellschaftspolitischen Hintergründe für die Einführung eines solchen Policy-Instrumentes? Zur Beantwortung dieser Frage ist es zum einen notwendig, aus einer eher politikwissenschaftlichen Perspektive die Beweggründe und Ziele politischer Maßnahmen innerhalb von Wohlfahrtsstaaten zu verstehen; zusätzlich bedarf es im Sinne eines ganzheitlichen Verständnisses auch der Untersuchung aus einer soziologischen Perspektive heraus mit der Frage, welche Wirkungsannahmen einem solchen Instrument inhärent sind.

Aus *politikwissenschaftlicher Perspektive* ergeben sich die ideellen und materiellen Hintergründe und die daraus resultierenden Zielsetzungen sozialpolitischer Maßnahmen aus ständiger Neuverhandlung der Verteilungsfragen innerhalb einer Gesellschaft. In der Festlegung dessen, wer was, wann, wie und warum bekommt wird die Logik der Verteilung gesellschaftlicher Güter innerhalb eines Staates strukturiert (Gupta 2011: 2). Ziele der Sozialpolitik sind – jenseits all dessen, was allein ökonomische Interessen betrifft – stark kulturell geprägt; dabei ist insbesondere die Familienpolitik ein Feld, in dem Werte eine große Rolle spielen (Strohmeier 2002). In diesen kulturellen Momenten einer Gesellschaft spiegeln sich jedoch nicht nur die Wert-Vorstellungen davon, was „gut" ist, sondern auch normative Vorstellungen davon, was „richtig" ist[3]. Im Rahmen der Konzipierung und Verabschiedung fami-

---

3 Für das Verständnis einer analytischen Trennung von „gut" und „richtig" sei hier auf Schnädelbachs Unterscheidung von Werten und Normen verwiesen (Schnädelbach 2003: 101ff.). Er stellt dar, dass Werte abstrakte Objekte sind, anhand derer „das Gute" evaluiert werden kann, Normen dagegen (formelle oder informelle) Regeln, mit denen präskriptiv zwischen richtig und falsch

lienpolitischer Maßnahmen werden nicht nur Fragen zur Gerechtigkeit verhandelt, sondern zugleich auch normativ fundierte Rollenbilder und Leitbilder von Familie. Gesellschaft ist also nicht nur geordnet durch die Frage wer, was, wann, warum bekommt (ökonomische Verteilungsfragen), sondern auch durch die Frage, wem wann welcher Platz zugeschrieben wird (Fragen der Rollenzuschreibungen). In kontemporären westlichen Gesellschaften ist insbesondere Geschlecht eine Kategorie, mit der solche normativen Rollenzuschreibungen immer noch Lebensmuster und Lebensläufe von Männern und Frauen entscheidend strukturieren, indem unter anderem die Zuständigkeit der Kinderbetreuung weiterhin eher bei der Frau gesehen wird als beim Mann (Jamieson et al. 2010: 464).

Die spezifischen Werthaltungen und Normen einer Gesellschaft – also Verteilungsfragen als auch Fragen der normativen Rollenzuschreibungen – spiegeln sich in der Ordnung von Staaten wider, innerhalb derer Gesetze, Institutionen und die Einstellungen der dort lebenden Bevölkerung ein spezielles historisch gewachsenes Bedeutungs- und Verteilungsgefüge bilden. Wohlfahrtsstaatliche Ordnungen werden beständig durch Wandel auf verschiedenen Ebenen der Kultur einer Gesellschaft herausgefordert: auf der Ebene der kulturellen Werte und Leitbilder, die den Politiken zugrunde liegen, auf der Ebene der kulturellen Werte und Leitbilder in Bezug auf den Wohlfahrtsstaat in der Bevölkerung und auf der Ebene der Diskurse sozialer Akteure (Pfau-Effinger 2009: 15f.). Wichtig ist dabei zu verstehen, dass Kultur – also Werte und Normen – innerhalb einer Gesellschaft als potenziell widersprüchlich, als Gegenstand von Konflikten und Aushandlungsprozessen und als veränderbar gefasst wird (ebd: 15). Der Anstoß zum kulturellen Wandel kann letztendlich von jeder der drei Ebenen des Verhältnisses von Wohlfahrtskultur und der wohlfahrtsstaatlichen Entwicklung erfolgen (Pfau-Effinger 2009: 11ff.).

Die Wohlfahrtsstaaten der westlichen Welt lassen sich nach Esping-Andersen (1990)[4] in drei verschiedene Typen einteilen, in denen das Verhältnis von Markt, Staat und Familie unterschiedlich strukturiert ist (Ullrich 2005: 43). Mit seiner Einteilung konzentriert sich Esping-Andersen vorrangig auf die Verteilungsgefüge im Rahmen von Dekommodifizierung[5] und Stratifizierung[6] innerhalb einer Gesellschaft. In den „[d]rei Welten des Wohlfahrtskapitalismus" (Esping-Andersen 1990) bleibt jedoch unberücksichtigt, wie sich wohlfahrtsstaatliche Strukturen auf die Geschlechterverhältnisse in einer Gesellschaft auswirken und so die Situation von Frauen und Männern prägen (Lewis 1992; Lewis/Ostner 1994). Lewis und Ostner präferieren

---

unterschieden wird. Während Werte Orientierung gewähren, aber keinen verpflichtenden Charakter besitzen, sind Normen verpflichtend, da deren Nichtbefolgung in der Regel Sanktionen zur Folge hat.

4 Siehe hierzu auch die prägnanten Kurzdarstellungen des Ansatzes der Einteilung westlicher Wohlfahrtsstaaten nach Esping-Andersen bei Pfau-Effinger (2010: 132f.) oder Drobnic (2010: 245ff.).

5 Mit *Dekommodifizierung* beschreibt Esping-Andersen (1990) das Maß des Einzelnen innerhalb eines Wohlfahrtsstaates an Unabhängigkeit vom Markt durch Sozialleistungen.

6 Mit *Stratifizierung* fasst Esping-Andersen (1990) die Auswirkungen staatlicher Wohlfahrtssicherungen auf die gesellschaftliche Schichtung zusammen.

daher eine Einteilung von Wohlfahrtsstaaten anhand des Grades von Familiarisierung und Defamiliarisierung[7], mit der auch die in einer Gesellschaft bestehende Verteilung bezahlter und unbezahlter Arbeit zwischen den Geschlechtern berücksichtigt wird (vgl. Lewis/Ostner 1994). Pfau-Effinger (2001, 2005a) entwirft ein analytisches Klassifizierungsmodell, das neben dem „Wohlfahrtsregime" auch die vorhandene „Geschlechterpolitik" mit einbezieht (Pfau-Effinger 2005b: 3). Hier werden in der Unterscheidung von Wohlfahrtsstaaten nicht lediglich Erwerbspolitiken und entsprechende Dekommodifizierungsgrade als Bestimmungskriterien herangezogen, sondern auch die Politiken bezüglich Familie und Betreuung und den damit verbundenen Geschlechterarrangements (ebd.).

Politiken sind jedoch nicht ausschließlich an den kulturellen Grundlagen einer Gesellschaft orientiert. Beland (2010: 9) betont in diesem Zusammenhang, dass Sozialpolitik sowohl mit dem modernen Wohlfahrtsstaat als auch mit der Entwicklung des Kapitalismus eng verknüpft ist. Politische Maßnahmen und die damit verbundenen Institutionen sind aus dieser Perspektive nicht nur eine Antwort auf soziale Probleme einer Gesellschaft, sondern auch auf ökonomische. Familienpolitische Instrumente eines Staates sind daher nicht ausschließlich als kulturell fundiert zu verstehen, sondern immer auch als eine Reaktion auf die bestehenden Marktstrukturen und Marktbedingungen. Bei der Entwicklung und Einführung neuer familienpolitischer Maßnahmen sind oftmals auch soziale Akteure von besonderer Bedeutung. In diesem Zusammenhang verweist auch Pfau-Effinger (2011b) darauf, dass unterschiedliche wohlfahrtsstaatliche Staat-Markt-Familie-Konstellationen in Europa nicht nur aufgrund verschiedener historischer Ursprünge und kultureller Modelle bestehen, sondern auch aufgrund des Einflusses sozialer Akteure und den von ihnen verfolgten politischen Zielen, die sich in der jeweiligen Gesellschaft als anschlussfähig erweisen. Solchen Zielen können ökonomische Überlegungen zu Grunde liegen; sie können allerdings auch auf die Verwirklichung von Gerechtigkeitsvorstellungen gerichtet sein. Für die meisten europäischen Wohlfahrtsstaaten hat diesbezüglich die Europäische Union große Bedeutung gewonnen, insbesondere indem sie im Rahmen von Jahresberichten zur Gleichstellung von Frauen und Männern Entwicklungsziele für Mitgliedsstaaten formuliert, die sich auf Gesetzbildung und Strukturbildung der einzelnen Mitgliedsstaaten auswirken können[8].

(Familien-)Politische Maßnahmen beinhalten somit sowohl historische und kulturelle als auch soziale oder ökonomische Momente, mit denen die Verteilungs- und Gerechtigkeitsfragen innerhalb einer Gesellschaft immer wieder neu definiert werden. Sie sind verfassungsrechtlich, ökonomisch und gesellschaftspolitisch motiviert und zielen auf die Beeinflussung bestehender gesellschaftlicher und ökonomischer Verhältnisse innerhalb eines Staates (Rürup/Gruescu 2003: 6).

---

7   Mit *Defamiliarisierung* wird der Grad der Befreiung der Familie von ihren Betreuungspflichten innerhalb eines Wohlfahrtsstaates bezeichnet.

8   Mehr Informationen unter der Internetseite der Europäischen Union: http://europa.eu/legis lation_summaries/ employment_and_social_policy/index_de (30.08.11).

Aus *soziologischer Perspektive* bilden wohlfahrtsstaatliche Ordnungen letztendlich neben den spezifischen Marktbedingungen eine gleichermaßen kulturelle und strukturelle Rahmung der (möglichen) Handlungen jedes Einzelnen. Olson beschreibt den Staat in diesem Zusammenhang als eine die Wahlhandlungen rahmende Institution (2002: 387). Innerhalb dieser staatlichen Gefüge bilden sowohl die vorhandenen Institutionen als auch familienpolitische Maßnahmen eine *„decision matrix"* (Ellingsaeter 2009: 4), die den Möglichkeitsraum der Entscheidungen Einzelner vorstrukturiert, zugleich allerdings auch unterschiedliche Handlungsoptionen gewährt. Familienpolitische Intervention ist daher darauf ausgerichtet, den Möglichkeitsraum von Handlungen zu definieren; dies kann sowohl eine Erweiterung von (Handlungs-)Möglichkeiten bedeuten als auch eine Verengung des Handlungsrahmens. Innerhalb der verschiedenen Dimensionen familienpolitischer Maßnahmen[9] kann zudem entweder die zwingende Befolgung (durch Gesetze) verlangt werden oder mit *Anreizsetzungen* versucht werden, spezifische Handlungen oder Entscheidungen Einzelner zu formen. Derartige Anreize finden sich insbesondere in der Ausrichtung finanzieller Leistungen, allerdings auch im Rahmen der Struktur der innerhalb eines Staates bereit gestellten Handlungsräume.

Wichtig ist in diesem Zusammenhang zu verstehen, dass nicht für *jede* Person innerhalb eines kulturellen und strukturellen Gefüges die gleichen Handlungsmöglichkeiten oder Wahlfreiheiten bestehen. Olson unterscheidet hierfür in Anlehnung an Amartya Sen (1980) zwischen theoretischem und tatsächlichem Entscheidungsspielraum einer Person (Olson 2002: 396). So mag eine Frau in temporären westlichen Wohlfahrtsstaaten frei sein, ihr Leben nach ihren Vorstellungen zu gestalten; faktisch jedoch zwingen sie mit der Enkulturation entstandene normative Einbindungen oder auch spezifische ökonomische Bedingungen, auf eine „bestimmte" Art zu leben. Das gilt zwar für alle Menschen gleichermaßen; Olson beschreibt dies allerdings dann als problematisch, wenn damit Ungleichheiten allein aufgrund der Zugehörigkeit zu einem Geschlecht (re-) produziert werden und damit für Einzelne theoretisch bestehende Wahlfreiheiten durch Traditionen untergraben werden (vgl. Olson 2002: 406). Betrachtet man diese Überlegungen nun zusammen mit familienpolitischen Anreizen, die dazu angelegt sind, die Entscheidungen Einzelner im Sinne der genannten Zielsetzungen zu strukturieren, so wird deutlich, dass der „Erfolg" der Anreizsetzungen unter anderem stark von den subjektiv antizipierten Wahlfreiheiten abhängt. Finanziellen Anreizsetzungen sind aus dieser Perspektive insbesondere die kulturellen Einstellungsmuster vorgeschaltet; die Anreize können nur dann wirksam werden, wenn sie auch in den *kulturell* möglichen Handlungsraum eingebettet sind.

Handlungsräume sind somit sowohl kulturell als auch strukturell geprägt. Der Erfolg einer familienpolitischen Intervention hängt daher letztendlich davon ab, wie sehr die strukturell bestehenden Anreize mit kulturellen Einstellungsmustern in den verschiedenen Gruppen einer Bevölkerung übereinstimmen und sich diese Anreize

---

9   Rürup und Gruescu (2003: 7) unterscheiden vom Grundsatz her vier Dimensionen familienpolitischer Intervention: rechtlich, fiskalisch, dienstleistungsbezogen und bildungsorientiert.

für Personen mit deren spezifischen Einstellungen und personenbezogenen Situationen als anschlussfähig erweisen.

Mit dem Bundeselterngeld- und Elternzeitgesetz, das zum 1. Januar 2007 in Kraft getreten ist, hat nun die Bundesregierung ihre familienpolitischen Leistungen neu ausgerichtet. Pfau-Effinger (2011b) und Ostner (2006) sprechen von einem „Paradigmenwechsel" in der deutschen Familienpolitik. Mit den neuen familienpolitischen Leistungen für Eltern werden zum einen Anreize für Frauen gesetzt, kurz nach der Geburt eines Kindes wieder in die Erwerbstätigkeit einzusteigen und zum anderen wird erwartet, dass sich mehr Eltern als bisher für ein Kind entscheiden und somit eine Umkehr des Geburtenrückgangs bewirkt werden kann (vgl. Henninger et al. 2008). Als wesentlicher Teil einer „nachhaltigen Familienpolitik" zielt das Elterngeld als familienpolitisches Instrument zugleich auf die Ermöglichung ökonomischen Wachstums, der Sicherung des Wohlstands sowie einer wachsenden Konkurrenzfähigkeit zukünftiger Märkte (Knijn/Smit 2009: 485; Lewis et al. 2008: 262). Zusammen mit der Formulierung des Ziels der Verwirklichung von mehr Geschlechtergerechtigkeit wird zusätzlich versucht, die gegenderten Zuständigkeiten für die Kinderbetreuung aufzubrechen. In der mit dem Elterngeld einhergehenden familienpolitischen Intervention wird eine Pfadabkehr von der bisherigen Familienpolitik in Deutschland eingeleitet, in der gegenderte Arbeitsteilungen wie das männliche Ernährer-Modell oder das Zuverdiener-Modell nicht länger im gleichen Maß wie bislang gefördert werden; statt dessen werden *Anreize* gesetzt, die Gleichzeitigkeit von Erwerbstätigkeit und Elternschaft im Rahmen eines Doppelverdiener-Modells zu verwirklichen.

In dieser Untersuchung der Wirkungen des Elterngeldes werden die beiden gerade vorgestellten Perspektiven auf familienpolitische Instrumente – sowohl die politische als auch die handlungstheoretische – die Analysen begleiten. Aus einem politisch-soziologischen Blickwinkel im Sinne der Frage danach, wer was und warum bekommt, werden mit dem Elterngeld einhergehende nivellierte oder produzierte Ungleichheiten betrachtet; aus einer soziologisch-handlungstheore-tischen Perspektive soll dagegen die Frage danach gestellt werden, inwieweit sich die Annahmen einer Anreizwirkung finanzieller Leistungen für die verschie-denen mit dem Elterngeld verbundenen Ziele als angemessen erweisen.

Im Folgenden soll nun eine ausführliche Darstellung der mit dem Elterngeld einhergehenden Leistungen erfolgen. Zur Vorbereitung der Analyse der Wirkungen dieser familienpolitischen Maßnahme werden im Anschluss daran die zu den drei Kernzielen des Elterngeldes inhärenten Wirkungsannahmen herausgearbeitet und bisherigen Ergebnissen aus wissenschaftlichen Studien gegenübergestellt.

2.2 Das Elterngeld als familienpolitisches Instrument

Das am 5. Dezember 2006 erlassene Gesetz zum Elterngeld und zur Elternzeit (BEEG) löst das seit 1986 bestehende Bundeserziehungsgeldgesetz (BErzGG) zum 01.01.2007 ab. Mit ihm werden die Leistungen für Familien in Deutschland kurz nach der Geburt eines Kindes neu geregelt.

Das Elterngeld[10] kann von allen Elternteilen beantragt werden, deren Kinder nach Inkrafttreten des neuen Gesetzes geboren sind. Die Höhe des Elterngeldes beträgt grundsätzlich 67 Prozent des vor der Geburt erzielten Nettoeinkommens der Antragsstellenden und wird für längstens 14 Monate gezahlt[11]. Es beträgt mindestens 300,- Euro und höchstens 1800,- Euro. Für Elternteile mit einem Einkommen unter 1000,- Euro wird eine erhöhte Einkommensersatzrate zugrunde gelegt[12]; Elternteile ohne vorheriges Einkommen erhalten mindestens 300,- Euro. Dies galt bis zum 31.12.2010 auch für ALG II - Empfänger. Einhergehend mit der im Haushaltsbegleitgesetz (Bundesrat 05.11.10) zum 01.01.2011 verabschiedeten Neustrukturierung des Elterngeldes bestehen diese Ansprüche jedoch nun nicht mehr, da das „neue" Elterngeld vollständig auf Leistungen im Rahmen des ALG II, auf Sozialhilfe nach dem SGB XII sowie auf den Kinderzuschlag angerechnet wird. Die dahinter stehende Logik ergibt sich aus der Konzipierung des Elterngeldes als Lohnersatzleistung, das heißt als Ausgleich für entfallendes Erwerbseinkommen. Auch für die höheren Einkommensgruppen haben sich Änderungen ergeben: Für Eltern mit einem Nettoeinkommen von mehr als 1.200,- Euro wird das Elterngeld stufenweise von 67 auf 65 Prozent gekürzt und für Personen, die der Reichensteuer unterliegen, werden Leistungen im Rahmen des Elterngeldes nunmehr komplett gestrichen.

Das deutsche Elterngeld – sowohl in seiner älteren als auch in der aktuellen Fassung – kann damit als Anreiz für Erwerbstätige gedeutet werden, sich für ein (weiteres) Kind zu entscheiden, da mit dem Elterngeld Einkommenseinbrüche durch eine Erwerbsunterbrechung zur Betreuung eines Kleinkindes im ersten Jahr abgemildert werden. Dies gilt für Männer und Frauen gleichermaßen.

Wie auch schon das Erziehungsgeld richtet sich das Elterngeld als direkte Unterstützungsleistung an Eltern von Kindern in den ersten Monaten nach der Geburt. Die Anspruchsdauer des bis 2006 bestehenden *Erziehungsgeldes* betrug anfangs (1986) zehn Monate, dann (1988) zwölf Monate und später (ab 2004) bis zu zwei Jahre. Seit dem 01.01.2007 sind die Leistungen im Rahmen des *Elterngeldes* auf die Dauer von vierzehn Monaten beschränkt. Eine so genannte „Verlängerungsoption" ermöglicht allerdings die Verteilung der Ansprüche auf eine Zeitdauer von 24 statt 12 bzw. 28 statt 14 Monaten und kehrt gewissermaßen das Budgetmodell des Erziehungsgeldes um, das auch die Option einer verkürzten Auszahlung von 450,- Euro pro Monat über ein Jahr vorsah. Somit kann gesagt werden, dass mit dem Elterngeld positive Anreize für eine Unterbrechung der Erwerbstätigkeit innerhalb der ersten vierzehn Monate einhergehen; negative Anreize beinhaltet das Elterngeld in seiner

---

10　Nicht zu verwechseln mit der Eltern*zeit*, auf die hier nicht näher eingegangen werden soll. Elternzeit regelt den Anspruch auf unbezahlte Freistellung von der Arbeit für bis zu drei Jahre nach der Geburt des Kindes. Diesbezüglich hat sich mit der Einführung des Elterngeldes nichts geändert, da dieser Anspruch auch schon im Bundeserziehungsgeldgesetz (BErzGG) bestand.

11　Vierzehn Monate für Alleinerziehende; zwölf Monate höchstens für einen in einer Lebensgemeinschaft lebenden Elternteil

12　Für je 20,- Euro, die das Einkommen die Grenze von 1000,- Euro unterschreitet, erhöht sich die Einkommensersatzrate um jeweils einen Prozentpunkt bis auf maximal 100% (Bäcker et al. 2008: 305); das bedeutet eine hundertprozentige Erstattung bei 340,- Euro oder weniger.

jetzigen Form bezüglich einer Erwerbsunterbrechung für *mehr* als ein Jahr. Dies gilt allerdings nicht für alle Eltern gleichermaßen. Im Vergleich zu den mit dem Erziehungsgeld einhergehenden Leistungen profitieren höhere Einkommensgruppen mit der bestehenden Verlängerungsoption deutlich mehr als bisher, da sie nun Zahlungen bis zu 900,- Euro pro Monat für zwei Jahre beanspruchen können (vorher höchstens 300,- Euro pro Monat). Zugespitzt bedeutet dies, dass ein Elternteil aus den höheren Einkommensgruppen – soweit zusätzlich ein/e gut verdienende/r Partner/in im Haushalt zum Einkommen beiträgt – es sich länger leisten kann, das Kind zu Hause zu betreuen, als Eltern aus niedrigeren Einkommensgruppen.

Zwei Negativanreize sollen mit den im Elterngeld enthaltenen Sonderregelungen verhindert werden. Der erste betrifft den Bereich der Erwerbsarbeit: Eltern sehen sich mit den neuen Leistungen möglicherweise *gezwungen*, für die Dauer des Leistungszeitraums die Erwerbstätigkeit zu unterbrechen. Hierfür ist als Lösung vorgesehen, dass das Elterngeld auch zusätzlich zur Erwerbsarbeit gezahlt werden kann; so sind Teilzeitarbeitsmodelle[13] möglich, ohne dass Mütter und Väter auf Elterngeldleistungen ganz verzichten müssen. In diesen Fällen werden 67 Prozent des wegfallenden Einkommens gezahlt. Ein zweiter befürchteter Negativanreiz bezieht sich auf den Bereich der Geburtenentwicklung: Ohne zusätzliche Regelungen müssten Eltern mit dem Elterngeld befürchten, dass sie es sich nicht leisten können, kurz nach der Geburt eines Kindes weitere Schwangerschaften zu planen. Hierfür sehen Regelungen vor, dass es für jedes im Haushalt lebende zusätzliche Kind unter drei Jahren einen Zuschlag zum aus dem Einkommen berechneten Elterngeld gibt, den so genannten Geschwisterbonus. Dieser Zuschlag kann beantragt werden, wenn neben dem neugeborenen Kind mindestens ein Geschwisterkind unter drei Jahren oder zwei Geschwisterkinder unter 6 Jahren zur Familie gehören[14]. Das Elterngeld erhöht sich damit pro Kind um weitere zehn Prozent des vorherigen Nettoeinkommens, mindestens jedoch um 75,- Euro pro Monat. Bei Mehrlingsgeburten wird das Elterngeld nur für ein Kind gezahlt, erhöht sich allerdings für jedes weitere Kind pauschal um 300,- Euro. Diese Zusatzleistungen werden unabhängig vom Höchstbetrag gezahlt. Im Zusammenhang mit der Vermeidung von Negativanreizen in Bezug auf weitere Kinderwünsche ist wichtig zu erwähnen, dass die Einkommensermittlung unabhängig von den Elterngeld-Zeiten und den damit erhaltenen Zahlungen geschieht. Monate, in denen für ein älteres Kind Elterngeld bezogen wurde und dadurch ein geringerer Verdienst vorlag, werden nicht mitgezählt; ein graduelles Absinken des Elterngelds für jüngere Kinder, die in kurzen Abständen folgen, wird so vermieden.

Eine wesentliche Funktion im Rahmen des Elterngeldes besteht in den mit dieser Leistung erhofften *Anreizwirkungen*. Diese beziehen sich zum einen auf die Ermöglichung einer Erwerbsunterbrechung bis zu einem Jahr ohne radikale Einkommenseinbrüche; so sollen insbesondere auch die Väter in die Lage versetzt werden, eine Unterbrechung der Erwerbsbeteiligung für „aktive Vaterschaft" (Döge 2007) in

---

13 Bis zu 30 Stunden pro Woche
14 Ist ein behindertes Kind unter 14 Jahren im Haushalt, so wird dieser Zuschlag ebenfalls gezahlt.

Erwägung ziehen zu können[15]. Außerdem sollen durch die Begrenzung des Leistungs-zeitraums auf höchstens vierzehn Monate Anreize für den schnellen Wiedereinstieg in das Berufsleben der betreuenden Elternteile (meist Frauen) geschaffen werden (Deutscher Bundestag 2008: 9b). Zusätzlich soll das Elterngeld bewirken, dass die Familienplanung auf einen Zeitraum nach dem Berufseinstieg und dem damit verbundenen Einkommen verschoben wird (vgl. Deutscher Bundestag 2008: 25).

Somit ist die Konzeption des Elterngeldes als einer nicht pauschalen, sondern am vor der Geburt des Kindes erzielten Erwerbseinkommen prozentual berechneten Leistung von besonderer Bedeutung. Zusammen mit steuerlichen Entlastungen wie dem Kinderfreibetrag oder der Möglichkeit des Absetzens von zwei Dritteln der Kinderbetreuungskosten bildet das Elterngeld eine staatliche Unterstützung, die je nach Einkommen unterschiedlich hoch ausfallen kann. In diesem Zusammenhang ist das Elterngeld als Anreiz für Elternschaft vor allem für die höheren Einkommensgruppen zu deuten.

Insgesamt sind mit der Einführung des Elterngeldes jenseits solcher Erwartungen bezüglich einer positiven Anreizwirkung auf die Bezieher höherer Einkommen insbesondere Erwartungen in den Bereichen der *Geburtenentwicklung*, der erhöhten *Väterbeteiligung* sowie einer verstärkten *Erwerbsbeteiligung von Frauen* verbunden. Im Folgenden sollen die spezifischen Erwartungen in diesen drei Bereichen getrennt herausgearbeitet werden. Ergänzt wird diese Analyse durch Darstellung des wissenschaftlichen Forschungsstandes zu den drei genannten Zielbereichen des Elterngeldes, um so im Anschluss die Fragen formulieren zu können, die im Rahmen dieser Analyse der Wirkungen des Elterngeldes mit den Daten des SOEP beantwortet werden sollen.

2.2.1 Elterngeld und Fertilität

Das Elterngeld soll als Teil nachhaltiger Familienpolitik Impulse zur Realisierung vorhandener Kinderwünsche setzen (BMFSFJ 2008a: 5) und damit eine Umkehr und Abschwächung des Geburtenrückgangs bewirken (BMFSFJ 2008a: 6). Durch die finanziellen Leistungen soll eine *Entscheidung* zur Familiengründung erleichtert werden (ebd.).

In der „Wirkungsstudie Elterngeld" (DIW 2006), die zu einer Einschätzung der Wirkungen verschiedener Elterngeldkonzepte vor Einführung des Elterngeldes vom Bundesministerium für Familie, Senioren, Frauen und Jugend (BMFSFJ) in Auftrag

---

15 Grundlage dieser Überlegungen ist die Tatsache, dass in Deutschland im Durchschnitt Männer immer noch höhere Einkommen als Frauen beziehen; das geschlechtsspezifische Verdienstgefälle beträgt in Deutschland – und das relativ unverändert in den letzten fünf Jahren – ca. 23% (Eurostat 2011). Bislang „rechnet" es sich im Durchschnitt also eher, wenn die Frau ihre Erwerbstätigkeit unterbricht. Mit dem Elterngeld als prozentual zum Nettoeinkommen berechneter Leistung soll der Verlust an Einkommen durch eine Erwerbsunterbrechung des Vaters abgeschwächt werden. Als Begleiteffekt soll damit zusätzlich eine gerechtere Verteilung der Sorgearbeit auf die Geschlechter bewirkt werden.

gegeben wurde, prognostizierten die Autoren und Autorinnen[16] eine „generelle An-reizwirkung" des Elterngeldes für das Geburten-verhalten von Individuen (DIW 2006: 24). Allerdings wurde gleichzeitig darauf hingewiesen, dass eine direkte kau-sale Wirkung des Elterngeldes nicht vorhergesagt werden kann, da die empirischen Modelle der Studie auf Fertilitäts*entscheidungen* beruhen, die die Situation *vor* Be-ginn einer Elternschaft und nicht *nach* deren Eintritt analysieren (ebd.). Die Aussa-gekraft des prospektiv konzipierten Analysemodells und der darauf beruhenden Schlussfolgerungen werden in der Wirkungsstudie hinterfragt, nicht jedoch die im-plizit darin enthaltene Annahme, dass der Übergang zur Elternschaft das Ergebnis einer *Entscheidung* bzw. einer *Wahl* ist.

Tatsächlich ist es eine allgemein gängige Grundannahme, dass Elternschaft im Rahmen einer bewussten Entscheidung für ein Kind angetreten wird, da heute Verhü-tungsmittel oder auch die Möglichkeiten eines Schwangerschaftsabbruches zumin-dest die Entscheidung *gegen* ein Kind unterstützen. So bleiben jedoch jene Fälle unberücksichtigt, in denen eine Schwangerschaft zwar nicht geplant war, aber akzep-tiert wird, oder solche, in denen ein Kinderwunsch unerfüllt bleibt.

Auch wenn es eine Tendenz geben mag, mit der die Frage des „Ob" und „Wann" der Elternschaft immer mehr zum Gegenstand individueller, biografischer Planungsbemühungen geworden ist (Huinink 2003: 3), so zeigen doch verschiedene Studien, dass *Entscheidungen* zur Elternschaft keinesfalls die Regel sind. Im Rahmen der DESIS-Studie[17] ermittelten Helfferich und Kandt (1996: 52f.), dass lediglich 55% der Frauen[18] ihre Schwangerschaft geplant hatten. Auch Feldhaus und Boehnke (2008: 1686) kommen in ihren Auswertungen mit aktuelleren Daten[19] zu ähnlichen Ergebnissen: nur ungefähr die Hälfte aller Erstgeburten in Deutschland sind geplant. Sie schließen daraus, dass für die Beantwortung der Hintergründe zu Elternschaften auch eine Berücksichtigung der Faktoren ungeplanter Schwangerschaften notwendig ist[20].

In diesem Zusammenhang verweist Brose (2008: 38) zusätzlich darauf, dass es nicht sinnvoll ist, Männer als aktive Gestalter in Bezug auf eine Entscheidung zur Vaterschaft zu konzipieren; sie hält im Rahmen ihrer Fragestellung allerdings an einem Konzept der Entscheidung zum Kind von Frauen fest und plädiert für theoreti-sche Modelle, in denen Männer als *Faktor* der Entscheidungen von Frauen für ein Kind mit berücksichtigt werden. Auch Jamieson et al. (2010) betonen, dass zum Verstehen von Fertilitätsverhalten neben den Einstellungen und Präferenzen von Frauen zur Elternschaft die Einbeziehung der Einstellungen von Männern genauso wichtig sind. In ihrer Analyse kommen sie dabei zu dem Schluss, dass sich männli-

---

16 Die Autoren und Autorinnen des DIW-Gutachtens „Wirkungsstudie Elterngeld" sind Charlotte Büchner, Peter Haan, Christian Schmitt, C. Katharina Spieß und Katharina Wrohlich.
17 „Deutsche Studie zu Infertilität und Subfekundität" (1992)
18 Es wurden 1500 Frauen in Deutschland befragt.
19 Verwendet wurden Daten des SOEP aus den Jahren 2002 – 2005.
20 Im Rahmen des Forschungsprojektes PAIRFAM wird derzeit versucht, diese Prozesse und Faktoren näher zu ergründen.

che Partner als ein „*contradictive downward drag*" auf das Fertilitätsverhalten von Frauen auswirken können (ebd.: 463).

Im Gegensatz zu derartigen Entscheidungskonzepten von Elternschaft – mit oder ohne Einbeziehung der Väter – betont Burkart (2002: 23), dass Lebensentscheidungen *keine* Wahlhandlungen im Sinne reiner Kosten-Nutzen-Kalküle sind. Er kommt stattdessen zu dem Ergebnis, dass der biographische Übergang in die Elternschaft in der Regel *nicht* das Ergebnis rationaler Planung ist und nicht einmal als Ergebnis eines Entscheidungsprozesses im engeren Sinn gefasst werden kann (Burkart 2002: 23). Denn zum einen sind Entscheidungen zur Elternschaft, wenn sie überhaupt das Ergebnis abwägender Überlegungen sind, nicht Entscheidungen einzelner Personen, sondern Entscheidungen im Rahmen partnerschaftlicher Interaktion[21]; zum anderen sind es nicht reine Kosten-Nutzen-Kalküle, die zu Entscheidungen für ein Kind führen, sondern vielmehr – Burkart bezieht sich hier nur auf Frauen – die für Mutterschaft oder Karriere relevanten Identitäts- und Wertvorstellungen (Burkart 2002: 37).

Mit dem Elterngeld als familienpolitischem Instrument ist jedoch explizit das Ziel einer Erleichterung der *Entscheidung* zur Elternschaft verbunden (vgl. BMFSFJ 2008a: 6). Die im Elterngeld enthaltenen spezifischen Leistungen richten sich dabei sowohl an Frauen als auch an Männer. Durch die Orientierung der Zahlungen an den vor der Geburt bezogenen Einkünften sollen insbesondere die mit einer Erwerbsunterbrechung einhergehenden Ausfälle von Erwerbseinkommen durch die Betreuung eines Kindes im ersten Lebensjahr abgefedert werden. Hierbei fällt auf, dass die Anreizsetzungen des Elterngeldes sich ausdrücklich an mittlere und höhere Einkommensgruppen richten, da diese in erster Linie von den neuen Leistungen profitieren können.

In wissenschaftlichen Untersuchungen werden verschiedene und teilweise auch sich widersprechende Ergebnisse zu relevanten Einflussfaktoren des Fertilitätsverhaltens genannt. Zu den meist diskutierten Faktoren gehören neben ökonomischen Bedingungen auch der Bildungsstand oder der Erwerbsstatus der Frau, die nicht nur das „Ob" einer Elternschaft, sondern auch das „Wann", also das *Timing* der Geburt eines ersten Kindes beeinflussen.

In der von Bauer und Jakob (2010) konzipierten Analyse, die Familiengründung als Partnerschaftsentscheidung modelliert, werden insbesondere die Bildungskonstellationen von Paaren als Einflussfaktoren untersucht. Sie stellen fest, dass vor allem das Bildungsniveau der Frau einen Einfluss auf die Entscheidung zur Elternschaft hat (Bauer/Jakob 2010: 52) und schließen aus der Feststellung, dass das Bildungsniveau bei Männern einen wesentlich geringeren Einfluss besitzt, darauf, dass die Entscheidung zur Familiengründung eher bei den Frauen liegt: Familiengründung sei immer noch „Frauensache" (ebd.: 53).

Auf der Suche nach den ursächlichen Hintergründen der Kinderlosigkeit von Männern untersucht Schmitt (2003) neben dem Faktor Bildung auch das Alter als

---

21 Siehe hierzu auch Bauer und Jakob (2010), die Familiengründung als partnerschaftliche Entscheidung modellieren.

möglichen Einflussfaktor. Er kommt dabei bezüglich des Faktors „Bildung" zu dem Ergebnis, dass kinderlose Männer eher in den beiden untersten und in der zweithöchsten Bildungsgruppe[22] zu finden sind (Schmitt 2003: 7f.) und ein linearer Zusammenhang in Bezug auf das Bildungsniveau damit nicht zu erkennen ist; in Bezug auf den anderen Faktor „Alter" stellt er außerdem fest, dass Männer ihre Kinder im Schnitt später als Frauen bekommen (Schmitt 2003: 13). Ein weiter zurück liegendes Forschungsergebnis aus der Zeit vor der Einführung des Elterngeldes konstatiert bei der Betrachtung weiblichen Fertilitätsverhaltens einen Zusammenhang zwischen Bildung und Alter: Der Übergang zur Mutterschaft soll insbesondere für jüngere Frauen mit niedrigerem Bildungsniveau eine rationale Option (gewesen) sein (vgl. Friedmann et al. 1994). Hier gilt es wieder zu bedenken, dass Elternschaft nicht ausschließlich als Ergebnis einer Entscheidung konzipiert werden kann. Dieser Einwand wird auch unterstützt von den Ergebnissen der Analyse zu ungeplanten Schwangerschaften, die besagt, dass die relative Wahrscheinlichkeit einer ungeplanten Schwangerschaft bei Frauen im Alter unter 26 Jahren größer ist; das Gleiche trifft im Übrigen auch auf Frauen zu, die älter als 35 Jahre sind (Feldhaus/Boehnke 2008: 1685).

Zusätzlich zu möglichen Einflüssen wie Bildung und Alter auf das Fertilitätsverhalten wird der Erwerbsstatus als wesentliche Einflussgröße zur Entscheidung für ein Kind diskutiert. Auch in der „Wirkungsstudie Elterngeld" (Büchner et al. 2006) wird die Arbeitsmarktpartizipation als ein zentraler Faktor bei der Familiengründung angesehen. Dabei wird unter anderem ein negativer Einfluss der Berufstätigkeit in Teilzeit bei westdeutschen Frauen auf die Entscheidung für ein Kind festgestellt. Da allerdings oftmals eine schon bestehende Elternschaft die Ursache für Teilzeitarbeit darstellt, liegt der Schluss nahe, dass vielmehr schon vorhandene Kinder die Fertilitätsentscheidung beeinflussen und weniger der Erwerbsstatus. Eine weitere Feststellung der „Wirkungsstudie Elterngeld" ist schließlich ein negativer Einfluss auf den Kinderwunsch durch die Stärke der Einbindung in den Arbeitsmarkt (Büchner et al. 2006: 32). Auch Konietzka und Kreyenfeld (2002) kamen für Frauen in den 1990er Jahren zu dem Ergebnis, dass sich hier klare Tendenzen erkennen lassen: Arbeitslose deutsche Frauen hatten eine deutlich höhere Eintrittsrate in die Mutterschaft als in Vollzeit arbeitende Mütter. Im Gegensatz zu diesen Ergebnissen, die einen Einfluss der Einbindung in den Arbeitsmarkt auf das Fertilitätsverhalten deutscher Frauen nahelegen, weisen Brüderl und Schröder (2008: 133) allerdings in ihrer Untersuchung[23] des Übergangs zum ersten Kind in Westdeutschland nach, dass der Status der Erwerbstätigkeit *keinen* kausalen Einfluss auf die Fertilität von Frauen hat; sie gemahnen zur Vorsicht in Bezug auf einen ökologischen Fehlschluss (Brüderl/ Schröder 2008: 134) und betonen, dass nicht die Erwerbstätigkeit die Fertilität bestimmt, sondern dass Frauen sich aufgrund ihrer Einstellungen und Restriktionen für oder gegen ein Kind entscheiden (ebd.: 133).

Die in aktuellen Diskursen zu demografischen Entwicklungen vorrangig thematisierten Barrieren in Bezug auf die Entscheidung zur Familiengründung oder auch

---

22 Gemessen in fünf Kategorien von 1 „Kein Bildungsabschluss" bis 5 „Hochschulabschluss"
23 Grundlage der Analyse sind die Daten des deutschen Familiensurveys 2000.

zur Erweiterung der Familie sind vielfältig. So geht für Frauen – insbesondere im Bereich von Berufsverläufen zu Führungspositionen – mit der Entscheidung zum Kind die Gefahr eines „Karriereknicks" einher; für Männer und Frauen gleichermaßen sind Überlegungen zur Familiengründung und -er-weiterung mit Kostenrechnungen bezüglich der zu erwartenden finanziellen Situation verbunden: Neben Verdienstausfällen, auf lange Sicht entstehenden Einkommensverlusten sowie den Kosten für die Kinderbetreuung müssen auch die weiteren durch ein Kind entstehenden Kosten mitbedacht werden. Petersen und Lübcke (2006) haben Elternschaft als ökonomisches Entscheidungsproblem konzeptioniert und näher untersucht, welche mit Kindern insgesamt entstehenden Kosten in Deutschland im Durchschnitt zu erwarten sind[24]. Sie kommen zu dem wenig überraschenden Ergebnis, dass im Zuge aller entstehenden Ausgaben und finanziellen Einbußen, die mit Kindern verbunden sind, Elternschaft sich heutzutage[25] nur dann rechnet, wenn Eltern Kinder als sinnstiftendes Element in ihrem Leben ansehen (Petersen/Lübcke 2006: 187). Elternschaft als Lebensform hat – wie auch 2007 im Beitrag „Luxus Familie?" von Eggen und Strantz im Statistischen Monatsheft des Statistikamtes Baden-Württemberg eingehend dargestellt wird – erhebliche finanzielle Auswirkungen[26]. Die Relevanz ökonomischer Überlegungen im Rahmen von Fertilitätsentscheidungen wird auch von Feldhaus und Boehnke aufgezeigt: Ungeplante Schwangerschaften sind bei schlechterer Bewertung der eigenen finanziellen Situation wahrscheinlicher als geplante Schwangerschaften (Feldhaus/Boehnke 2008: 1687f.). Daraus kann geschlossen werden, dass die Planung erster oder weiterer Elternschaft stark von der Einschätzung der eigenen wirtschaftlichen Situation mitbestimmt wird.

Das Elterngeld soll die in diesem Zusammenhang mit der Elternschaft einhergehenden finanziellen Einbußen abmildern und die Entscheidung zum Kind erleichtern, indem die finanziellen Einbußen der betreuenden Elternteile zumindest in den ersten vierzehn Monaten durch die Orientierung des Elterngeldes am Nettoeinkommen vor der Geburt verringert werden. Es setzt im Rahmen ökonomischer Kalküle bezüglich der Familiengründung und -erweiterung keine direkten Anreize, sondern es soll hier vielmehr dazu dienen, die Umsetzung vorhandener Kinderwünsche zu erleichtern; und dies insbesondere für diejenigen, die berufstätig sind und ihre ökonomische Sicherheit durch eine mit der Geburt eines Kindes verbundene Erwerbsunterbrechung gefährdet sehen.

24 Ihren Untersuchungen zufolge kostet ein Kind im Schnitt 400,- bis 500,- Euro im Monat plus der jeweiligen Opportunitätskosten. Diese belaufen sich pro Kind insgesamt auf 225.000,- bis 400.000,- Euro (Petersen/Lübcke 2006: 199).
25 Im Gegensatz zu Zeiten vor den derzeitigen Rentenzahlungen im Rahmen des so genannten „Generationenvertrages".
26 In ihrer Messung der relativen bedarfsgewichteten Einkommensunterschiede stellen sie fest, dass das Einkommen von Ehepaaren mit einem Kind gegenüber dem Einkommen nichtehelicher Paare gleichen Alters ohne Kinder mindestens um 38% steigen müsste, um das gleiche Einkommensniveau zu erreichen. Dieser Unterschied wird beträchtlich verstärkt durch jedes weitere Kind sowie durch das Alter des Mannes: ist der Mann zwischen 25 und 35 Jahren, beträgt der Unterschied nicht 38%, sondern 56% (Eggen/Strantz 2007: 26).

Ein Zusammenhang zwischen einer mit dem Elterngeld einhergehenden finanziellen *Anreiz*wirkung und den Geburtsraten wird allerdings ausdrücklich bezüglich des „*Timings*" der Realisierung von Kinderwünschen thematisiert. Wie im Dossier über das Elterngeld (BMFSFJ 2008a) oder auch in dem Bericht des Bundestages über die Auswirkungen des Elterngeldes (2008) beschrieben, ist mit der Einführung des Elterngeldes ausdrücklich die Erwartung verbunden, dass Eltern die Realisierung ihres Kinderwunsches auf einen früheren Zeitpunkt verlegen. Allerdings kommt Björklund (2006: 26) im Rahmen der Untersuchung ähnlicher Elterngeldleistungen in Schweden zu einem anderen Ergebnis: Durch den im Elterngeld enthaltenen Anreiz zur Arbeitsmarktintegration vor einer geplanten Elternschaft ergeben sich *negative* Timing-Effekte hinsichtlich der Geburten. Tatsächlich ist dem Elterngeld das Ziel einer Verschiebung des Kinderwunsches auf einen Zeitpunkt nach dem gefestigten Einstieg in die Erwerbstätigkeit inhärent, da es in Abhängigkeit von dem vor der Geburt eines Kindes erhaltenen Einkommens gezahlt wird, und sorgt damit im Rahmen von Elternschafts-Entscheidungen im Lebenslauf für einen Aufschub der Realisierung vorhandener Kinderwünsche. Mit dem „*speed premium*" wird in Schweden versucht, das Timing von weiteren Elternschaften nach dem ersten Kind zu beeinflussen und ist darin sogar erfolgreich; die Anzahl der Geburten pro Paar wird davon allerdings nicht beeinflusst (Ellingsæter 2009: 13). Im deutschen Elterngeld sollen Eltern, die nach kurzer Zeit ein weiteres Kind bekommen möchten, in ihrem Vorhaben unterstützt werden, da für die Berechnung des Elterngeldes dieses weiteren Kindes die Einkünfte aus den „Elterngeld-Monaten" nicht berücksichtigt werden sondern stattdessen das Nettoeinkommen vor dem Elterngeldbezug. Diese Regelung kann jedoch keineswegs mit dem schwedischen *speed premium* verglichen werden; es dient lediglich dazu, Eltern, die ein weiteres Kind in kurzer Zeit bekommen möchten, nicht zu „bestrafen". Schwierig wird es allerdings für Eltern, die nach der Elterngeldzeit nicht gleich wieder voll in die Berufstätigkeit einsteigen (können) und dann ein weiteres Kind erwarten; sie müssen im Rahmen der derzeitigen Regelungen mit unter Umständen bedeutenden finanziellen Einbußen rechnen.

Es finden sich somit Hinweise für zwei der mit dem Elterngeld verbundenen Anreizsetzung inhärenten negativen Timing-Effekte der Geburtenentwicklung in Deutschland: Der eine bezieht sich auf die Familien*gründung*, indem erst mit einer beruflichen Etablierung attraktive Elterngeldsummen ausgezahlt werden; der andere Effekt bezieht sich auf die Familien*erweiterung* und ergibt sich aus den finanziellen Einbußen, die eine erneute Elternschaft nach mehr als vierzehn Monaten zur Folge hätte, wenn vorher nicht wieder ein ganzes Jahr in Vollzeit gearbeitet wurde. Betrachtet man die Ausführungen zur „Nachhaltigen Familienpolitik" von Bertram, Rösler und Ehlert (2006: 18f.) zum „Top-Szenario" der Geburtenentwicklung, so sind es genau diese Effekte, die für eine Erhöhung der Geburtenrate vermieden werden sollten: Das ist zum einen das Aufschieben des Kinderwunsches und zum anderen die Einschränkung der Umsetzung vorhandener Kinderwünsche[27]. (Bertram/ Rösler/ Ehlert 2006: 19f.)

Das bewusste Timing von Elternschaft – sei es nun das erste oder jedes weitere Kind – findet allerdings im Rahmen von Lebensplanungen statt, die sich keineswegs allein aus Kosten-Nutzen-Kalkülen ergeben. Hier sind auch persönliche Einstellungen, Werthaltungen oder subjektive Lebenskonzepte relevant. Darauf verweist auch Tagge (2008) in seiner volkswirtschaftlichen Betrachtung wohlfahrtsstaatlicher Einflussmöglichkeiten auf das Fertilitätsverhalten von Frauen und Männern. Er kommt in seiner Analyse der Wirkungen ökonomischer oder struktureller Anreizsetzungen zwar zu dem Schluss, dass sich Transferleistungen wie Kindergeld und Subventionierung von Außer-Haus-Betreuung positiv auf die Fertilität auswirken können (Tagge 2008: 243); allerdings weist er in diesem Zusammenhang auch ausdrücklich darauf hin, dass diesen möglichen Wirkungen die Fertilitätspläne bzw. –wünsche der Einzelnen vorgeschaltet bleiben (Tagge 2008: 248) und damit die Basis aller staatlichen Einflussmöglichkeiten auf die Fertilität letztendlich individuelle Kinderwünsche sind. In diesem Zusammenhang ist es interessant sich anzuschauen, welche Faktoren die unterschiedlichen *Timing*strukturen von Elternschaft bei den Geschlechtern beeinflussen: Da Männer ihre Kinder im Durchschnitt deutlich später als Frauen bekommen (Jamieson et al. 2010: 482), stellt sich die Frage, ob dieser Umstand eher den unterschiedlichen Lebensplänen der Geschlechter zugeordnet werden muss oder ob er vielmehr das Ergebnis von Kosten-Nutzen-Kalkülen im Rahmen der Übernahme von Verantwortung für die finanzielle Unterhaltung und Absicherung der Familie im Rahmen des männlichen Ernährer-Modells ist.

Es gibt Hinweise, dass nicht nur der Zeitpunkt von Elternschaft, sondern auch die Anzahl der Kinder pro Frau innerhalb eines Landes kulturell vermittelt ist. So stellt Ellingsæter (2009: 16) für Fertilitätspläne von Frauen fest, dass diese zwar mit den jeweils vorhandenen unterstützenden wohlfahrtsstaatlichen Leistungen für Eltern im Zusammenhang stehen, diese jedoch durch die kulturellen Modelle eines Landes entscheidend geprägt sind. Wie sich das Zusammenspiel von staatlichen Wohlfahrtsstrukturen und kulturell unterschiedlich fundierten Lebensplänen darstellt, kann am besten im Vergleich der Entwicklungen in Ost- und Westdeutschland nach der Wiedervereinigung nachvollzogen werden. Während sich in den beiden vormals getrennten Teilen Deutschlands unterschiedliche Muster der Fertilität herausbildeten (Ehmer 2004: 112), unterlag das vereinigte Deutschland seit 1990 den gleichen wohlfahrtsstaatlichen Strukturen. Erschwert wird die Interpretation des Geburtenverhaltens in der Gegenüberstellung von Ost und West allerdings erstens durch den schockartigen (krisenbedingten) Geburtenabfall in der vormaligen DDR nach der Wende (vgl. Sackmann 1999), und zweitens durch den Umzug vieler Einwohner von den neuen in

---

27 Bertram, Rösler und Ehlert (2006: 18ff.) rechnen unter Hinzunahme unterschiedlicher Kalkulationsmodelle verschiedene Szenarien der Geburtenentwicklung durch und kommen zu dem Schluss, dass allein eine solche Familienpolitik die Geburtenrate langfristig auf 1,57 pro Frau erhöhen könnte, die eine Verringerung des Eintrittsalters in die Elternschaft bewirkt bei gleichzeitigem kurzfristigen Vorziehen des Zeitpunktes (weiterer) Schwangerschaften.

die alten Bundesländer Deutschlands oder umgekehrt[28]. Zusätzlich berücksichtigt werden müssten auch unterschiedliche strukturelle Bedingungen in den beiden Teilen Deutschlands. Dazu gehören zum einen die verschiedenen Kinderbetreuungsstrukturen, denen Groß (2007) eine grundlegende Bedeutung für die Kinderrate eines Landes zumisst. Zum anderen besteht ein unterschiedliches Angebot an Arbeitsplätzen, was nach Ellingsæter (2009: 12) ein weiterer entscheidender Faktor der Fertilitätsrate eines Landes ist.

Eine Untersuchung der Wirkungen des Elterngeldes auf die demografische Entwicklung sollte verschiedene Faktoren in die Analyse miteinbeziehen. Dazu gehört neben einer getrennten Untersuchung des Fertilitätsverhaltens beider Geschlechter auch die Berücksichtigung der dargestellten möglichen Einflussfaktoren Alter, Bildungsstand, Anzahl der schon vorhandenen Kinder im Haushalt, Einkommen, empfundene finanzielle Sicherheit, Erwerbsstatus sowie auch Wohnort (getrennt nach Ost- und Westdeutschland). Für die Frage, inwieweit vorhandene Lebenspläne verwirklicht werden können, erscheinen zusätzlich Angaben zur Lebenszufriedenheit relevant.

Unter Einbeziehung der genannten Faktoren gilt es nun also zu prüfen, inwieweit

1. die Anzahl der Geburten in Deutschland mit der Einführung des Elterngeldes tatsächlich gestiegen ist und
2. ob und wie sich die Zusammensetzung der Gruppe der Eltern im Rahmen der veränderten Struktur der Leistungen für Eltern verändert hat.
3. bietet sich im Rahmen dieser Untersuchung zusätzlich an danach zu fragen, ob und in welcher Form sich diese Entwicklungen mit der Einführung des Elterngeldes in Ost- und Westdeutschland unterschiedlich darstellen.

Des Weiteren soll an dieser Stelle anhand der aufgezeigten Entwicklungen und Tendenzen auch danach gefragt werden, inwieweit im Rahmen von Elternschaft als Entscheidung sich die im Elterngeld enthaltenen Annahmen einer Anreizwirkung zur Beeinflussung von Fertilitätsentscheidungen als richtig erweisen.

2.2.2 Elterngeld und Arbeitsteilung der Geschlechter

Die zweite der hier untersuchten Zielsetzungen des Elterngeldes betrifft die Erhöhung der Geschlechtergerechtigkeit. So sollen mit dem Elterngeld Anreize für Väter geschaffen werden, sich mehr in der Betreuungsarbeit für ihre Kinder zu engagieren. Ehlert spricht diesbezüglich von einer *Aktivierung der Väter* für die Familie (vgl. Ehlert 2008: 5).

Bislang führte die Praxis, dass vorwiegend die Mütter in den ersten Jahren die Betreuung der Kinder übernahmen, zu einem Ungleichgewicht in der Geschlechter-

---

28 Von 1989 bis 2002 sind gut 3.000.000 Übersiedler aus Ostdeutschland nach Westdeutschland gezogen; diesen stehen etwa 1.600.000 Umzüge von Westdeutschland in die neuen Länder gegenüber (Geißler 2004).

gerechtigkeit, da für die zu Hause Betreuenden in Folge der Erwerbsunterbrechung sowohl kurz- und langfristige finanzielle Nachteile als auch Nachteile für den Karriereverlauf zu erwarten sind[29].

In seiner ökonomischen Theorie der Familie betrachtet Becker (1995) nicht die Interessenlagen der einzelnen Individuen und wägt diese gegeneinander ab; statt dessen konzipiert er Entscheidungen bezüglich der Arbeitsteilung in den Bereichen Betreuungsleistungen und Erwerbsarbeit innerhalb eines Haushaltes als *Paarentscheidungen*, denen wirtschaftliche Überlegungen die Familie als Ganzes betreffend zugrunde liegen. Im Rahmen solcher Überlegungen „zählen" nicht die ökonomischen Kalküle zu *einer* Person im Haushalt, sondern in Bezug auf den *gesamten* Haushalt. Die Frage, welcher Elternteil die Erwerbsarbeit zur Betreuung eines Kindes unterbrechen soll, wird somit dadurch entschieden, welcher der Partner das geringere ausfallende Einkommen zu erwarten hat. Aufgrund eines Arbeitsmarktes in Deutschland, der immer noch durch ein hohes Maß an Geschlechtersegregation gekennzeichnet ist (vgl. Cornelißen 2005), „lohnt" es sich im Rahmen derartiger Berechnungen meist für eine Familie nicht, wenn der Vater die Betreuungsleistungen übernimmt. So heben auch Walter und Künzler (2002) hervor, dass der Haupteinfluss der Väterbeteiligung an der Kinderbetreuung immer noch in der extrem ungleichen Verteilung der bezahlten Arbeit zwischen den beiden Geschlechtern liegt, und erwarten daher eine egalitärere Praxis in Bezug auf Betreuungsleistungen nur über eine parallele Angleichung der Bedingungen für Frauen und Männer auf dem Arbeitsmarkt. Zu diesem Schluss kommt auch Pollmann-Schult: er prognostiziert eine sichtbar stärkere und dauerhafte Beteiligung der Väter erst dann, wenn sich die relativen Einkommen von Müttern deutlich verbessern (Pollmann-Schult 2008: 513).

Neben derartigen Erklärungen, die die Bedeutung ökonomischer Kalküle für die geschlechtliche Arbeitsteilung in Paarhaushalten betonen, mehren sich mittlerweile theoretische und empirische Analysen, die die Bedeutung kultureller Faktoren für die Persistenz der Arbeitsteilung in Bezug auf nichtbezahlte Arbeit – also Hausarbeit, Kinderbetreuung oder die Pflege Angehöriger - hervorheben. In diesen wissenschaftlichen Untersuchungen wurde bislang vorrangig die unterschiedliche Beteiligung an der Hausarbeit untersucht; die väterliche Beteiligung an der Kinderbetreuung stellte im Rahmen dieser Analysen bestenfalls einen kleinen Faktor dar[30]. Es lohnt sich jedoch, zur Betrachtung des elterlichen Engagements in der Kinderbetreuung auch einen Blick auf Untersuchungen häuslicher Arbeitsteilung zu werfen, da die Betreuung von Kindern sowohl traditionell als auch in Bezug auf die rein praktische Organisation mit der Übernahme von Haushaltstätigkeiten im Rahmen der Teilung der Sphären Erwerbsarbeit und Familie verbunden ist.

Besonders interessant sind dabei im Hinblick auf die These einer Arbeitsteilung aufgrund von Kosten-Nutzen-Kalkülen die Ergebnisse von Grunow, Schulz und

---

29 Siehe hierzu u.a. Gangl und Ziefle (2009), Bernard und Correll (2010), Theunissen et al. (2009) und BMFSFJ (2010)

30 Ausnahmen bilden diesbezüglich neuere Studien, die versuchen, Betreuungszeit (von Vätern) für empirische Analysen zu konzeptionieren; siehe hierzu Kan, Sullivan und Gershuny (2011), Sullivan et al. (2009) und Craig (2006).

Blossfeld (2007)[31]. Sie stellen *keinen* symmetrischen Zusammenhang zwischen ökonomischen Ressourcen und daraus resultierenden Arbeitsteilungen bei Paaren fest, wie eine ökonomische Theorie der Familie nach Becker (1995) es nahelegen würde. In ihrer Untersuchung der Aufteilung von Hausarbeit bei westdeutschen Ehepaaren heben sie stattdessen hervor, dass die Bedeutung, Relevanz und Wirkungsweise ökonomischer Ressourcenverhältnisse geschlechtlich strukturiert ist (Grunow/Schulz/ Blossfeld 2007: 179). Sie zeigen, dass insbesondere im Übergang zur Elternschaft ein universeller Traditionalisierungsschub bei der Hausarbeit zu verzeichnen ist, der mit einer Veränderung des normativen Bezugsrahmens bezüglich der Arbeitsteilung einhergeht (Grunow/Schulz/ Blossfeld 2007: 175; vgl. dazu auch Schulz/Blossfeld 2006). Ökonomische Ressourcentheorien erweisen sich in ihren Analysen insgesamt zwar nicht als signifikant, allerdings erkennen sie auch einen Einfluss finanzieller Momente: Wenn Paare gleich viel verdienen, ist nach der Geburt eines Kindes tendenziell weniger Traditionalisierung in Bezug auf die Aufteilung häuslicher Arbeiten festzustellen; sobald der Mann jedoch mehr verdient als die Frau, erhöht sich das Risiko einer traditionell gegenderten Arbeitsteilung, auch wenn vorher eher egalitärere Praxen das häusliche Miteinander geprägt haben (ebd.: 177). Für die Frage, ob den praktizierten Arbeitsteilungsmustern innerhalb von Paarbeziehungen vorwiegend ökonomische Kalküle zugrunde liegen, ist im Rahmen dieser Analyse jedoch insbesondere die Feststellung interessant, dass ein höheres Einkommen der Frau tendenziell nicht zwangsläufig dazu führt, dass der Mann mehr häusliche Pflichten übernimmt (ebd.). Dieses Teilergebnis ist als Indiz für fortbestehende traditionelle Arbeitsteilungsmuster jenseits allein ökonomischer Überlegungen zu werten.

Zu ähnlichen Ergebnissen kommen auch Drobnič und Blossfeld (2001) in ihrer systematischen längsschnittlich international vergleichenden Analyse der Transformation von Karriereverläufen bei Paaren auch über Westdeutschland hinaus, die bis heute als eine der einflussreichsten Veröffentlichungen zum Thema anzusehen ist. Sie finden in allen untersuchten Ländern[32] eine deutlich traditionell gegenderte Arbeitsteilung in Bezug auf bezahlte und unbezahlte Arbeit (Drobnič/Blossfeld 2001: 372). Trotz einer wachsenden Erwerbsbeteiligung von Frauen scheinen Hausarbeit und Kinderbetreuung weiterhin als Frauenarbeit angesehen zu werden (ebd.). Die im Rahmen dieser Analysen gewonnene Feststellung, dass mit einer Erhöhung der durchschnittlichen Erwerbsarbeitsstunden von Frauen nicht gleichzeitig eine Erhöhung des Anteils der Männer an der Hausarbeit einhergeht, gilt bis heute unverändert[33].

---

31 Die Analyse stützt sich auf die Befragungen westdeutscher Paare im Rahmen des Bamberger Ehe-Panels (BEP) von 1988 bis 2002.

32 Zu den untersuchten Ländern gehören Deutschland, die Niederlande, der flämische Teil von Belgien, Italien, Spanien, Großbritannien, die Vereinigten Staaten, Schweden, Dänemark, Polen, Ungarn und China.

33 Siehe hierzu auch die internationale Studie von Thebaud (2010) zu häuslicher Arbeitsteilung: In ihrer Untersuchung der Effekte der relativen Einkommensunterschiede in Paarbeziehungen betont sie die Bedeutung männlicher Rollenbilder auf die Übernahme häuslicher Tätigkeiten und

Ein solches „*doing gender*" stellt sich insbesondere nach der Geburt des ersten Kindes ein. Schulz und Blossfeld (2006) erkennen in ihrer Untersuchung der Dynamik ehelicher Arbeitsteilung in westdeutschen Haushalten, dass mit der Geburt eines Kindes ein zentraler Wendepunkt verbunden ist: während die Frauen sich danach weitgehend aus der Erwerbstätigkeit zurückziehen und verstärkt unbezahlte Arbeit im Rahmen von Kinderbetreuungsleistungen und Haushaltstätigkeiten erbringen, beteiligen sich Männer in diesen Bereichen weniger als vorher, und das, obwohl sich die Arbeitslast im Haushalt insgesamt erhöht hat (Schulz/Blossfeld 2006: 46). Mit der Geburt eines Kindes erfolgt damit eine Spezialisierung der Partner, die nicht auf ökonomischen Kalkülen beruht, sondern vielmehr auf „Trägheiten im Geschlechter-Arrangement" zurückzuführen ist (ebd.). Innerfamiliale Arbeitsteilung lässt sich somit nicht aufgrund von Kosten-Nutzen-Rechnungen innerhalb einer Familie erklären, sondern stattdessen mit der Rückbindung an Normen, Rollen und Identitäten (ebd.; siehe hierzu auch Schulz/Blossfeld 2009).

Wie lässt sich jedoch jenseits ökonomischer Theorien erklären, dass mit der Geburt eines Kindes Geschlechterrollen in Familien neu definiert werden, und das jeweils unabhängig von der vorherigen Praxis in den Paarbeziehungen? Möglicherweise sind hier erneut rollentheoretische Überlegungen hilfreich: Mit dem Übergang zur Elternschaft treten die Rollen (als Frau oder als Mann) in der Paarbeziehung in den Hintergrund und werden überlagert von der Mutter- beziehungsweise Vaterrolle, die in ihrer traditionellen Beschaffenheit kulturell tief verwurzelt sind. Sie kommen erst mit der Geburt eines Kindes zum Tragen und werden relativ unreflektiert reproduziert. Während Frauen im Rahmen eines normativen Ideals der „guten Mutter" neu eingebunden werden, finden sich Männer in der Rolle des „Familienernährers" wieder. Krüger und Levy (2000) beschreiben diese Verschiebung im Übergang zur Elternschaft mit dem „Masterstatusprinzip" (Krüger/Levy 2000: 393): Mit der Geburt eines Kindes werden Eltern – gebunden an die neue Rolle - in der Gesellschaft neue Plätze zugewiesen. Die Rollenübernahme erfolgt sowohl im Rahmen privater Akzeptanz als auch aufgrund institutioneller Bedingungen und wird so stetig reproduziert (ebd.: 394).

Einen weiteren Beitrag zur Entschlüsselung der Hintergründe gegenderter häuslicher Arbeitsteilung liefern Kan, Sullivan und Gershuny (2011). Sie untersuchen die Aufteilung häuslicher Arbeiten zwischen den Geschlechtern in sechzehn verschiedenen Ländern[34] und kommen zu dem Ergebnis, dass es in allen untersuchten Ländern immer noch Frauen sind, die den überwiegenden Anteil der Hausarbeit leisten. Männer haben zwar ihren Anteil an Nicht-Routine-Hausarbeit erhöht, engagieren sich allerdings weniger in den Bereichen der Sorge- und Betreuungsleistungen oder im Bereich der Haushaltsroutinen (Kan/Sullivan/Gershuny 2011: 238/240). Aufgrund der Tatsache, dass es insbesondere die als „feminin" angesehenen Hausarbeiten sind,

---

verweist damit auf die Relevanz kultureller (statt ökonomischer) Faktoren zur Erklärung persistenter Arbeitsteilungsmuster.

34 Darunter verschiedene europäische Länder sowie Nordamerika und Israel. Die Analyse basiert auf Daten der MTUS (Multinational Time Use Study) und bezieht sich auf einen Zeitraum von 40 Jahren.

die weniger von Männern übernommen werden, vermuten die Autorinnen daher, dass hier weiterhin traditionelle (Geschlechter-)Ideologien und damit verbundene Handlungsmuster wirksam sind (ebd.: 240). Zusätzlich zu der Hervorhebung der Bedeutung kulturell geprägter Rollen- und Handlungsmuster für persistente gegenderte Aufteilung der Hausarbeit verweisen sie mit ihren Ergebnissen auf den Einfluss institutioneller Strukturen auf die Arbeitsteilung der Geschlechter; sie betonen in diesem Zusammenhang, dass davon jedoch weniger die tatsächlichen Tätigkeitsmuster in Paarbeziehungen beeinflusst werden, sondern eher die Aufteilung der Inanspruchnahme von Elternzeiten und den damit verbundenen Leistungen (ebd.: 249).

Mit der Einführung des Elterngeldes wird nun versucht, sowohl ökonomische als auch kulturelle Faktoren bezüglich der gegenderten Arbeitsteilungsdynamik im Übergang zur Elternschaft neu zu strukturieren. Einkommensverluste durch Übernahme von Elternzeiten im ersten Lebensjahr eines Kindes durch den/die Besserverdienende/n innerhalb eines Paares werden mit dieser neuen Leistung für Eltern tatsächlich erheblich verringert: Nun „zählt" nicht mehr die Differenz der jeweiligen Nettoeinkommen vor der Geburt des Kindes, sondern die Differenz zwischen den sich daraus ergebenden Ersatzleistungen im Rahmen des Elterngeldes. Für Einkommen unter 2.687,- Euro netto[35] bedeutet dies eine Verringerung der hypothetisch errechneten Einkommensunterschiede innerhalb von Paaren von bis zu 35 Prozent[36]. Solche Überlegungen sind jedoch eher für Paare interessant, deren Einkommen nicht allzu weit auseinander liegen.

Mit den Vätermonaten wurde den Elterngeldleistungen ein Anreiz hinzugefügt, der geeignet ist, Väter aus allen Einkommensgruppen[37] anzusprechen. Mit dieser Leistung, die im Sinne eines „use it or lose it" (Erler 2009: 129) nur von Vätern beansprucht werden kann[38], wird ein väterliches Engagement im Rahmen einer mindestens zweimonatigen Elternzeit zum profitablen Kalkül[39]. Insbesondere dieser mit den Vätermonaten einhergehende qualitativ neue Schritt in der deutschen Familienpolitik ist darauf ausgelegt, den Anteil alltäglich fürsorglicher Väter zu erhöhen (Jurczyk/Rauschenbach 2009: 346).

Nun bedeutet die Inanspruchnahme von Elternzeit jedoch keineswegs, dass sich damit auch zwingend die kulturellen Praxen ändern. Zum einen beschränken sich die Vätermonate lediglich auf einen Zeitraum von zwei Monaten und ein sehr geringer Anteil der Väter beansprucht die Hälfte beziehungsweise mehr als die Hälfte der zwölfmonatigen Elternzeit. Doch auch schon im Rahmen dieser zwei Monate wird

---

35 Da das Elterngeld nur bis zu einer Höhe von 1.800,- Euro gezahlt wird, gilt dies nicht für Einkommen über dem genannten Betrag.

36 Der Unterschied kann noch durch die kluge rechtzeitig angepasste Wahl der Steuerklassen manipuliert werden, da sich das Elterngeld am Nettoeinkommen der letzten zwölf Monate orientiert.

37 Dies gilt, wie schon vorher ausgeführt, nicht für ALG II-Empfänger.

38 Wie schon zuvor dargestellt, sind Alleinerziehende hierbei eine Ausnahme: sie können die vollen 14 Monate Elterngeld beanspruchen.

39 Dies gilt insbesondere dann, wenn die Vätermonate noch während des Mutterschutzes genommen werden, da die Leistungen des Mutterschutzes auf das Elterngeld von Müttern angerechnet wird, das väterliche Elterngeld jedoch nicht.

das Potenzial gesehen, gegenderte Muster der Kinderbetreuung aufzubrechen; zumindest insofern, als dass feststeht, dass ohne diese an Väter gerichteten Leistungen ein Wandel bestehender Praxen unwahrscheinlich ist (Orton 2011: 358). Als Ergebnis ihrer Analyse der wohlfahrtsstaatlichen Leistungen für Väter nach der Geburt eines Kindes in verschiedenen industrialisierten Ländern stellen auch O'Brien, Brandth und Kvande (2007) heraus, dass an Väter gerichtete Elternzeitregelungen das Potenzial für ein stärkeres emotionales und praktisches Engagement von Vätern beinhalten. Auch die Ergebnisse einer qualitativen Befragung deutscher Väter durch Ehnis (2009) legen nahe, „dass die Übernahme von Erziehungszeiten durch Väter auch mit einer egalitären Praxis der Verteilung von kind- und haushaltsbezogenen Arbeiten einhergeht" (Ehnis 2009: 267). Die Einbeziehung von Vätern in Erziehungszeiten scheint also aus geschlechtersensibler Perspektive eine lohnende Strategie zu sein (ebd.: 268).

Doch geht mit der Inanspruchnahme von Vätermonaten – offiziell geschlechtsneutral betitelt als „Partnermonate" – tatsächlich auch eine Erhöhung beziehungsweise Veränderung des qualitativen und quantitativen Aufwandes von Vätern für Kinderbetreuung einher? Ist diesbezüglich ein direkter, sofortiger Einfluss zu erwarten oder wirken sich diese eher langfristig im Sinne einer „Leitbildfunktion" aus, die erst im Laufe der Zeit das Verhalten von Eltern beeinflusst[40]? Oder sind die im Rahmen des Elterngeldes propagierten neuen Väter möglicherweise mehr Rhetorik als Wirklichkeit (Edwards/Doucet/Furstenberg 2009: 8)?

Es gibt einige Argumente, die dagegen sprechen, dass Vätermonate geeignet sind, gegenderte Arbeitsteilungsmuster aufzubrechen. Zwar hat sich seit der Einführung des Elterngeldes der Anteil von Vätern, die Elternzeit beanspruchen, ständig erhöht[41]; die meisten greifen jedoch lediglich auf die zwei Partnermonate zurück und nutzen nicht die Option einer Elternzeit darüber hinaus. Von einer egalitären Aufteilung von Erwerbs- und Hausarbeit kann hier somit noch keineswegs gesprochen werden. Kritisch zu bewerten ist in diesem Zusammenhang auch der Zeitpunkt innerhalb des möglichen Leistungszeitraumes, der für die Nutzung von Vätermonaten präferiert wird: Da Elterngeldleistungen mit dem Mutterschaftsgeld verrechnet werden, beantragen die meisten Väter in Deutschland Elternzeit für die ersten zwei Monate nach der Geburt des Kindes[42]. Mit der damit gegebenen ganztägigen gleichzeitigen Anwesenheit von Mutter und Vater in den ersten zwei Lebensmonaten des Kindes ist so allerdings bestenfalls eine Verzögerung der mit der Geburt meist einhergehende Übernahme traditioneller gegenderter Elternrollen zu erwarten.

Die uneingeschränkte Wirksamkeit des Elterngeldes für geschlechtergerechtere Arbeitsteilung nach der Geburt eines Kindes wird auch in einigen Studien aus den „Geburtsländern" des Elterngeldes hinterfragt. So können Ekberg, Eriksson und

---

40 Vergleiche hierzu den Bericht des Deutschen Bundestages (2008: 19f.).
41 Siehe hierzu die Pressemitteilung des statistischen Bundesamtes vom 01.12.2010, in der mitgeteilt wird, dass immer mehr Väter Elterngeld in Anspruch nehmen (Statistisches Bundesamt 2010).
42 Das Statistische Bundesamt meldet diesbezüglich am 27.08.2009: „Die meisten Väter beziehen weiterhin zwei Monate Elterngeld." (Statistisches Bundesamt 2009b)

Friebel (2006: 52f.) für Dänemark[43] zeigen, dass Vätermonate zwar insgesamt positive Effekte auf eine kurzfristig vermehrte Betreuungsleistung der Väter hat; in Bezug auf die spätere Betreuung der Kinder bei Krankheit lassen sich jedoch keine Effekte in Richtung einer Mehrbeteiligung erkennen. Dieses Ergebnis spricht gegen den erwarteten Langzeiteffekt eines neuen Leitbildes von Vaterschaft durch Partnermonate, das sich auf die egalitärere Aufteilung der Betreuungsleistungen auswirkt. In Norwegen zeigen sich ähnliche Tendenzen wie in Deutschland bezüglich des Zeitpunktes der Beanspruchung von Elternzeit: Die Hälfte der norwegischen Väter nimmt Elternzeit in Monaten, in denen auch die Mutter zu Hause ist (Ellingsæter 2009: 11).

Diese ausgewählten Beobachtungen aus Ländern, die schon langjährige Erfahrungen mit Elterngeld und Vätermonaten vorweisen können, legen somit tatsächlich eine begrenzte Wirksamkeit von Anreizsetzungen im Rahmen eines solchen familienpolitischen Instrumentes nahe: Erstens werden die Elternzeiten von den Vätern nur eingeschränkt genutzt und zweitens bedeutet eine Nutzung von Elternzeiten durch Väter nicht gleichzeitig auch eine Erhöhung der tatsächlichen väterlichen Kinderbetreuung.

Wenn die Anreizwirkungen in Bezug auf das väterliche Engagement für Kinderbetreuung untersucht werden sollen, ist es über diese eben genannten Überlegungen hinaus wichtig, sich die Bedeutung verschiedener sozioökonomischer Merkmale der Väter genauer anzuschauen. Welcher Zusammenhang zeigt sich beispielsweise in Bezug auf das Alter des Vaters, sein Einkommen, das Einkommen der Partnerin, seinen Bildungsstand oder die Anzahl der Kinder im Haushalt und das Maß an Beteiligung an der Kinderbetreuung?

Zur Beantwortung dieser Fragen lassen sich bislang nur wenige empirische Forschungsergebnisse in wissenschaftlichen Beiträgen finden. Die väterlichen Merkmale werden zwar in Bezug auf die Nutzung von Elternzeiten thematisiert, jedoch kaum im Zusammenhang mit dem Anteil an tatsächlich geleisteten Kinderbetreuungsstunden. Auch Reich konzentriert sich in ihrer Analyse[44] auf *Elterngeldnutzung* als Indikator väterlicher Beteiligung und stellt fest, dass die männlichen Elterngeldnutzer im Durchschnitt deutlich älter sind als jene, die das Elterngeld nicht in Anspruch nehmen (Reich 2011: 6). Die Pressemeldung des Bundesministeriums für Familie, Senioren, Frauen und Jugend vom 04.12.2009 verweist diesbezüglich darauf – gestützt auf aktuellere Daten des Statistischen Bundesamtes –, dass sich eine tendenzielle Angleichung abzeichne: das Elterngeld werde bei jungen Vätern immer beliebter (BMFSFJ 2009). Die jedoch weiter bestehende Überrepräsentation älterer Väter bei den Elterngeldnutzern lässt sich möglicherweise mit der Konzeption der *Anreize* erklären, die mit dieser einkommensabhängigen Leistung einhergehen: Ältere Männer verdienen im Durchschnitt mehr als jüngere Männer, begründet im typischen beruflichen Karriereverlauf. Inwieweit Väter es sich leisten, eine Erwerbsunterbrechung im Rahmen von Elternzeit zu beanspruchen, hängt daher wesentlich davon ab,

---

43 Kurz nach deren Einführung wurden in Dänemark die Vätermonate 2002 wieder abgeschafft.
44 Sie untersucht Väter, deren Kind 2008 geboren ist.

welchen Karrierestatus sie bis dahin erreicht haben (Ranson 2001) und welche weiteren Karrierewünsche sie besitzen (Halrynjo 2009: 106). Wenn es allerdings weder
um die Nutzung von Elternzeiten noch um tatsächlich geleistete Betreuungsstunden,
sondern um die Einstellungen bezüglich der Aufteilung von Betreuungsleistungen
geht, zeigen sich *jüngere* Männer gegenüber geschlechtergerechten Arbeitsteilungsmustern deutlich aufgeschlossener (BMFSFJ 2011: 102).

In Bezug auf den Bildungsstand der Väter werden bei der Untersuchung von
Betreuungspraktiken und Elternzeitnutzung weniger divergierende Ergebnisse als in
Bezug auf den Einfluss des Alters berichtet. Bezüglich des Umfangs der väterlichen
Kinderbetreuung in Zeiteinheiten stellt Craig für Australien fest, dass Väter mit Universitätsabschluss dort mehr Zeit investieren als andere Väter (Craig 2006). Bonke
und Esping-Andersen untersuchen Väterbeteiligung in Dänemark und kommen zu
dem erstaunlichen Schluss, dass keineswegs die Zugehörigkeit zu einem Geschlecht
über ein Mehr oder Weniger an der Kinderbetreuung entscheidet, sondern vielmehr
der Bildungsstand und verweisen auf eine Bildungspolarisation statt Geschlechterpo-
larisation in Bezug auf Betreuungspraktiken (Bonke/Esping-Andersen 2011: 49).
Diese Ergebnisse der Untersuchung zeitlichen Engagements von Vätern decken sich
mit der väterlichen Nutzung von Elternzeiten in Deutschland seit der Einführung des
Elterngeldes: die Wahrscheinlichkeit für einen Vater, Elterngeld zu beanspruchen
steigt mit dem Bildungsniveau (BMFSFJ 2011: 102).

Neben den absoluten Faktoren wie dem Alter des Vaters und seinem Bildungsstand werden zur Erklärung väterlichen Engagements auch relationale Faktoren wie
das Einkommen der Partnerin im Vergleich zum Einkommen des Vaters immer wieder als relevante Momente hervorgehoben. Lammi-Taskula stellt zum Beispiel in
ihrer Untersuchung der väterlichen Nutzung von Elternzeiten in Finnland fest, dass
einer von zwei entscheidenden Faktoren die Position der Mutter innerhalb des Arbeitsmarktes ist (Lammi-Taskula 2008). Denn aus der Gegenüberstellung der beruflichen Stellung der Mutter und dem damit verbundenen Einkommen mit der väterlichen beruflichen Etablierung ergeben sich, wie vorher schon gezeigt wurde, ökonomische Kosten-Nutzen-Kalküle innerhalb des familiären Kontextes. Ein solcher
Einfluss des Einkommensniveaus der Partnerin auf die Nutzung von Elternzeiten
durch Väter wird auch – basierend auf einer Analyse des HWWI (Hamburgisches
Weltwirtschaftsinstitut)[45] – im Familien Report 2010 (BMFSFJ 2011: 102) hervorgehoben. In der qualitativen Analyse von Ehnis[46] ist die Verhandlungsposition der
Partnerin aufgrund ihrer besseren beruflichen Positionierung gegenüber dem Partner
eine der drei wesentlichen „Triebfedern", die Väter dazu bewegen, Elternzeit zu
übernehmen (Ehnis 2009: 269). Der Einfluss des relativen Einkommens wird jedoch
nie als alleinige Erklärungsinstanz für Väterbeteiligung genannt. So sind bei Lammi-

---

45 Im Familien Report 2010 wird hier auf Datenauswertungen des HWWI von 2009 verwiesen
    (arbeitsplatzbezogene und sozio-ökonomische Merkmale der familienaktiven Väter), die bislang
    unveröffentlicht sind.
46 Ehnis (2009) hat Interviews mit 15 Vätern geführt, die Elternzeit genommen haben oder sich in
    anderer Weise um eine aktive Vaterschaft bemühen. Alle Väter entstammen der Gruppe des
    städtischen Bildungsbürgertums.

Taskula der zweite signifikante Faktor väterlichen Engagements bei der Elternzeitnutzung die Einstellungsmuster in Bezug auf die Rolle als Vater und als Ernährer
(Lammi-Taskula 2008); bei Ehnis (2009) sind die anderen zwei der insgesamt drei
Triebfedern die Orientierung an modernen Gleichheitsnormen sowie eine moderni-
sierte Interpretation von Familienglück.

  Mit der dritten der drei von Ehnis (2009) benannten „Triebfedern" väterlichen
Engagements kommt, neben ökonomischen Kalkülen und kulturell geprägten Einstellungsmustern, ein weiterer Faktor väterlichen Engagements ins Spiel: die *Wünsche*
der Väter, aktiv am Familienleben und an der Kindererziehung beteiligt zu sein.
Während Frauen ihre Erwerbstätigkeit nach der Geburt von Kindern tendenziell
immer noch eher verringern, um mehr Zeit in die Betreuung und Erziehung ihrer
Kinder investieren zu können, scheinen Väter ihre Arbeitszeit nach der Geburt eines
Kindes bislang eher nicht zu reduzieren (Döge/Volz 2004). Väter aus höheren Bildungsgruppen sind zwar geneigt, ihre Freizeitaktivitäten für ein Mehr an Kinderbetreuung einzuschränken, ihre Wochenarbeitszeit jedoch nicht (ebd.: 16). Letztendlich
ist allerdings eine Reduktion der Erwerbsstunden eine tendenziell hinreichende Bedingung[47] für eine Erhöhung des zeitlichen Engagements (Halrynjo 2009). Viele
Väter in Europa möchten daher ihre Arbeitszeit reduzieren, sogar wenn damit finanzielle Einbußen verbunden sind (Hobson/Fahlén 2009: 229). In einer von Klenner
und Pfahl durchgeführten Arbeitnehmer/innen-Befragung konnten diese Tendenzen
für Deutschland bestätigt werden: Väter wünschen sich im Durchschnitt zumindest
eine Verkürzung ihrer Wochenarbeitszeit mit überlangen Wochenstunden von 44,1
Stunden auf eine „kurze Vollzeit" von 36,9 Stunden (Klenner/Pfahl 2008). Pollmann-
Schult (2008) kommt diesbezüglich zu anderen Ergebnissen: er resümiert in seiner
Untersuchung zum gewünschten Arbeitsangebot junger Väter[48], dass die Mehrheit
der Väter *keine* Reduktion der Erwerbsarbeitszeit wünscht. Er verweist wiederum
darauf, dass das Arbeitsangebot von Vätern signifikant durch die Erwerbssituation
der Frau geprägt wird: während Väter mit einer beruflich stark engagierten Partnerin
ihren Erwerbsumfang tatsächlich verringern wollen – wenn auch nur in geringem
Maße –, wollen Väter mit einer nicht erwerbstätigen Partnerin oder einer Partnerin,
die ein deutlich geringeres Einkommen erzielt, ihr Arbeitsangebot noch ausdehnen
(Pollmann-Schult 2008: 513). Jenseits all dieser Überlegungen zu dem Maß der Erwerbsbeteiligung von Vätern scheint Ransons (2001) Feststellung, dass Vaterschaft
prinzipiell um die Anforderungen der Erwerbsarbeit herum organisiert ist, weiterhin
gültig zu sein.

  Letztendlich fehlen bislang immer noch Informationen zu der relativen Unver-
änderlichkeit der männlichen Partizipation in den Bereichen Beruf und Familie
(BMFSFJ 2008c: 31f.). In dem Bericht des BMFSFJ zum Wiedereinstieg von Frauen

---

47 Diese hinreichende Bedingung einer Reduktion von Erwerbsstunden für ein Mehr an zeitlichem
    väterlichen Engagement ist allerdings keine notwendige Bedingung: Halrynjo (2009) stellt hier-
    zu fest, dass eine Verringerung der wöchentlichen Arbeitszeit nicht zwangsläufig zu einem Mehr
    an väterlicher Betreuungszeit führt.

48 „Junge Väter" ist in der Fachliteratur eine Bezeichnung für Väter mit jüngeren Kindern (ebenso:
    „junge Mütter" oder „junge Eltern").

in den Beruf wird daher angeregt, neben quantitativen Studien insbesondere auch qualitative Studien bezüglich der Wandlungsresistenz bestehender Arbeitsteilungen der Geschlechter durchzuführen, in denen die subjektive Beurteilung der Arbeitssituation und des beruflichen Umfeldes erforscht werden (ebd.). Denn inzwischen wird erkannt, dass nicht nur das innerfamiliale *doing gender* oder individuelle Einstellungen und Wünsche die häusliche Arbeitsteilung nach der Geburt eines Kindes mitbestimmen, sondern auch die Positionierung der Väter am Arbeitsplatz. Bygren und Duvander haben den Einfluss der Arbeitssituation auf die Übernahme von Elternzeiten untersucht und stellen dabei fest, dass die Wahrscheinlichkeit für Väter kürzere Elternzeiten zu nehmen mit der Höhe der erwarteten Kosten in Bezug auf ihre Karrieren steigt (Bygren/Duvander 2006: 369). Sie schließen aus ihren Ergebnissen insgesamt, dass die Nutzung von Elternzeit durch Väter insbesondere auch auf den Bedingungen am Arbeitsplatz beruht (ebd.: 370). Verschiedene Charakteristika des Arbeitsplatzes spielen hier eine Rolle: Väter, die in privaten Unternehmen, in kleineren Unternehmen oder in männerdominierten Arbeitsumgebungen arbeiten, nehmen tendenziell weniger Elternzeit (ebd.). Hier deuten sich Einflussfaktoren an, die jenseits kultureller Einstellungsmuster oder finanzieller Anreizwirkungen liegen und sich in Zwängen und Einschränkungen durch die Anforderungen der Erwerbstätigkeit in ihrer spezifischen derzeitigen Form ergeben. Mit der Einrichtung von Vätermonaten ist die Nutzung von Elternzeiten für Väter zum Teil vom Staat vorverhandelt; Vätermonate sind so gesehen einerseits geeignet, im Bereich von Erwerbsarbeit familiales Engagement zu legitimieren (Brandth/Kvande 2009: 188) und bieten damit andererseits eine Grundlage zur Verwirklichung väterlicher Wünsche.

Eine Betrachtung der Hintergründe väterlichen Engagements sollte versuchen alle relevanten Kontexte und Faktoren zu berücksichtigen. Im Rahmen dieser Analyse der Wirkungen des Elterngeldes muss auf die Einbeziehung betrieblicher Faktoren aus Mangel an Daten für Deutschland verzichtet werden. Ein anderer Kontext kann allerdings untersucht werden: Wie wirken sich die mit dem Elterngeld verbundenen Anreize in den zwei historisch und kulturell unterschiedlich geprägten Regionen Deutschlands aus? Während im Ostdeutschland vor der Wiedervereinigung der Staat die Rolle des „Ersatzvaters" für Kinder übernahm und es keine gleiche Beteiligung von Frauen und Männern in Hausarbeit und Kindererziehung gab, waren Männer in Westdeutschland vorrangig die Familienernährer und lediglich „Väter am Rande" (Ostner 2002: 158). Die Frage, inwieweit sich ost- und westdeutsche Väter nach der Einführung des Elterngeldes tatsächlich in ihrem zeitlichen Engagement an Kinderbetreuung unterscheiden, wurde bislang noch nicht untersucht; es liegen in den beiden historisch unterschiedlich geprägten Teilen Deutschlands lediglich Daten zur Nutzung von Elternzeiten vor. Diese Lücke soll in der vorliegenden Arbeit geschlossen werden.

In der Untersuchung soll nun die tatsächliche Betreuungszeit von Vätern im ersten Jahr nach der Geburt eines Kindes im Jahresvergleich 2005 bis 2008 gemessen werden. Ich untersuche dabei insbesondere die Frage, ob sich

1. mit der Einführung des Elterngeldes das Maß an der väterlichen Beteiligung an Kinderbetreuung erhöht hat und

2. ob und wie sich die Zusammensetzung der Gruppe von Vätern in Bezug auf das Alter, den Bildungsstand, das Einkommen oder den Erwerbsstatus im Jahresvergleich verändert hat. Im Rahmen von Mittelwertvergleichen (ANOVA) zu väterlicher Betreuung wird der Frage nachgegangen, in Bezug auf welche Faktoren sich signifikante Unterschiede erkennen lassen. Zusätzlich soll hier auch danach gefragt werden, ob sich mit der Einführung des Elterngeldes ein Einfluss der relationalen Einkommensverhältnisse zwischen Männern und ihren Partnerinnen zeigt.

3. werden einige Entwicklungen väterlicher Betreuungszeiten in Ost- und Westdeutschland in einer Gegenüberstellung getrennt dargestellt, um der Frage nachzugehen, ob und wie sich unterschiedliche Wirkungen der mit dem Elterngeld einhergehenden Leistungen in den zwei kulturell verschieden geprägten Teilen Deutschlands feststellen lassen.

4. soll ein Regressionsmodell Aufschluss darüber gewähren, ob und in welcher Form ein Zusammenhang mit verschiedenen Faktoren wie Alter, Bildung, Anzahl der Kinder im Haushalt, Einkommen oder Erwerbsbeteiligung zur Beteiligung der Väter an den Betreuungsleistungen für ihre Kinder im Jahresvergleich festzustellen ist und ob sich hier mit der Einführung des Elterngeldes etwas verändert hat.

Letztendlich soll anhand der ermittelten Ergebnisse auch die Frage gestellt werden, inwieweit sich die Ziele des Elterngeldes mit den speziell auf die Väter gerichteten Anreizen im Sinne einer „Aktivierung der Väter" verwirklichen ließen.

2.2.3   Elterngeld und Erwerbsverläufe von Frauen

Das Elterngeld als Teil nachhaltiger Familienpolitik dient neben den schon genannten Zielen einer Erhöhung der Geburtenrate und einer gezielten Anreizsetzung für mehr Väterbeteiligung auch der verstärkten Einbeziehung von Frauen in den Arbeitsmarkt. Die Begrenzung der Leistung auf ein Jahr[49] soll dabei als Anreiz dienen, die bislang vorwiegend von Frauen beanspruchte Elternzeit nach der Geburt eines Kindes zu beschränken und bereits nach kurzer Erwerbsunterbrechung wieder in Vollzeit in die Erwerbsarbeit einzusteigen.

Das Ziel der Erhöhung der Erwerbsbeteiligung von Frauen ist aus verschiedenen Richtungen her motiviert. Aus einer Gerechtigkeitsperspektive heraus wird erhofft, dass Frauen mit einer am männlichen Vollzeitarbeits-Modell orientierten gleichberechtigten Teilhabe am Arbeitsmarkt der Weg zu mehr Geschlechtergleichheit geebnet wird. Dazu gehört die mit einer minimierten Erwerbsunterbrechung verbundene verstärkte finanzielle Unabhängigkeit vom Partner genauso wie die da-

---

49 Mit (mindestens) zwei beantragten Vatermonaten oder für Alleinerziehende insgesamt 14 Monate

mit einhergehende gleichberechtigte Teilhabechance an Karrierewegen[50]. Es sind allerdings nicht nur die Interessen von Frauen, die mit einer verstärkten Einbeziehung weiblicher Arbeitskraft kurz nach der Geburt eines Kindes bedient werden sollen, sondern auch ökonomisch fundierte Interessen von Markt und Staat: So soll zum einen die wirtschaftliche Entwicklung von der Erhöhung des so genannten Arbeitsangebotes im Sinne einer Ausschöpfung gesellschaftlichen „Humankapitals" (BMFSFJ 2006) profitieren und zum anderen wird ein für den Staat vorteilhafter Effekt durch die mit einer erhöhten Erwerbstätigkeit einhergehenden Entwicklungen der Volkswirtschaft erwartet (Nulsch/Dannenberg 2008: 296); denn mit allgemein erhöhter Erwerbsbeteiligung steigen auch die Staatseinnahmen aus Einkommenssteuer und Sozialabgaben (Spiess/Wrohlich 2006). Die mit einer unabhängigen Lebensführung verbundenen Chancen für Frauen gehen somit im Rahmen des im Elterngeld enthaltenen Anreizes für erhöhten und schnelleren Wiedereinstieg in die Erwerbsbeteiligung mit einer Individualisierung der Verantwortung für die eigene finanzielle Absicherung innerhalb des deutschen Wohlfahrtsstaates einher.

Inwieweit Frauen sich nach der Geburt von Kindern am Erwerbsleben beteiligen, wird oftmals aus einer Perspektive heraus diskutiert, die vorrangig bestehende Strukturen des jeweiligen Wohlfahrtsstaates im Blick hat. Dazu gehören neben dem Steuersystem insbesondere auch vorhandene beziehungsweise fehlende Kinderbetreuungsmöglichkeiten sowie die mit einer Fremd-Betreuung von Kindern entstehenden Kosten. Mittlerweile ist allerdings unbestritten, dass in Bezug auf die Ausgestaltung der Vereinbarung von Familie und Beruf neben ökonomischen Kalkülen zusätzlich eine Einbeziehung kultureller Faktoren für die Erklärung für das Erwerbsverhalten von Frauen nach der Geburt eines Kindes notwendig ist. Pfau-Effinger konnte in ihren national-vergleichenden Forschungsarbeiten einen Effekt historisch-kultureller Einflüsse auf das weibliche Erwerbsverhalten nach der Geburt von Kindern nachweisen und die Ursprünge unterschiedlicher „gender arrangements" nachzeichnen (vergleiche hierzu u.a. Pfau-Effinger 1996, 1998a, 1998b, 2000 und 2004). In einer Untersuchung familialer Kinderbetreuung innerhalb europäischer institutioneller und kultureller Kontexte hebt sie außerdem hervor, dass verschiedene Bedingungen auf unterschiedlichen Ebenen zu berücksichtigen sind, wenn erklärt werden soll, warum viele Frauen in Europa – anstatt kurz nach der Geburt wieder in die Erwerbstätigkeit einzusteigen – ihre Kinder in den ersten drei Jahren nach der Geburt selbst betreuen (Pfau-Effinger 2011: 35). Dazu gehören neben institutionellen und kulturellen Faktoren auch die spezifischen sozialen und ökonomischen Bedingungen der einzelnen Frauen (ebd.: 38). Nach einer solchen Erklärung des mütterlichen Erwerbsverhaltens in den ersten drei Lebensjahren des Kindes sind es keinesfalls die wohlfahrtsstaatlichen Unterstützungen allein, die die Entscheidungen von Frauen bezüglich ihrer Erwerbsbeteiligung strukturieren (ebd.: 46), sondern neben historisch und regional geprägten kulturellen Einstellungsmustern auch deren soziale und ökonomische

---

50 Siehe hierzu auch die Ausführungen des Statistischen Bundesamtes unter der Überschrift „Verdienstabstand zwischen Frauen und Männern: Erziehungsbedingte Erwerbsunterbrechungen schaden der Karriere" (Statistisches Bundesamt 2008).

Lebensbedingungen. Wenn hier den individuellen Lebensbedingungen auch noch die spezifischen Bedingungen in den Arbeitsorganisationen zugerechnet werden, mit denen sich Frauen in ihrer Berufstätigkeit konfrontiert sehen, kann zusammenfassend gesagt werden, dass für eine adäquate soziologische Erklärung des Erwerbsverhaltens von Frauen Faktoren sowohl auf der Makro-, als auch auf der Meso- und Mikroebene zu berücksichtigen wären.

Mit den im Elterngeld vorhandenen Anreizsetzungen ist die Erwartung verbunden, dass Frauen sich nach der Geburt eines Kindes für einen schnelleren Erwerbseinstieg in Vollzeit entscheiden. Das Statistische Bundesamt Deutschland bekundet allerdings, dass bislang – auch nach der Einführung des Elterngeldes – „[a]lles beim Alten [bleibt]: Mütter stellen Erwerbstätigkeit [weiterhin] hintenan" (Statistisches Bundesamt 2010). Insbesondere für die Zeit, in der die Kinder unter drei Jahre alt sind, ist weniger als ein Drittel der Mütter in Deutschland berufstätig und lediglich 55,5 Prozent aller Mütter mit Kindern unter fünfzehn Jahren arbeiten in Vollzeit (ebd.).

Auch in den bisher erstellten Evaluationen des Elterngeldes zeigt sich, dass das Modell der Vollzeittätigkeit beider Elternteile zwölf beziehungsweise vierzehn Monate nach der Geburt des Kindes von den meisten Eltern bis jetzt noch nicht praktiziert wird. Im „Bericht über die Auswirkungen des Bundeselterngeld- und Elternzeitgesetzes sowie über die gegebenenfalls notwendige Weiterentwicklung" des Deutschen Bundestages (2008) wird darauf hingewiesen, dass bislang die meisten Kinder *mindestens* bis zum achtzehnten Lebensmonat von einem ihrer Elternteile betreut werden; und wenn der betreuende Elternteil dann wieder in den Beruf einsteigt, so geschieht dies meist in Teilzeit (Deutscher Bundestag 2008: 15).

Eine naheliegende Erklärung für die Arbeit in Teilzeit ist die vermehrte Belastung, die im Rahmen der Bemühungen für die Vereinbarung von Beruf und Familie entsteht. Hieraus ergeben sich insbesondere für Frauen Doppelbelastungen. Geissler und Oechsle sprechen in diesem Zusammenhang[51] von der „einseitige[n] Modernisierung des Frauenlebens" (1996: 271). Die mit diesem Begriff treffend zusammengefasste Lage von Frauen ist Folge eines vermehrten Erwerbseinstiegs bei gleichzeitigen persistenten kulturellen Rollenbildern, wobei Mütter in Europa in der Regel bislang weiterhin in der Verantwortung der Betreuung ihrer Kinder belassen werden[52] und europäische Frauen nach wie vor einen größeren Anteil an der Hausarbeit leisten als ihre männlichen Partner (Drobnič /Blossfeld 2001: 371f.).

Im Zusammenhang dieser für Frauen entstehenden Doppelbelastung wird auch problematisiert, dass zum einen das Standard-Vollzeitarbeitszeitmodell im Rahmen einer 40-Stunden-Woche letztendlich ein Modell ist, das innerhalb des männlichen Ernährermodells eine (gegenderte) Arbeitsteilung von Haushaltstätigkeiten und Erwerbsarbeit vorsah. Zum anderen wird darauf verwiesen, dass innerhalb einer zu-

---

51 Geissler und Oechsle (1996) beschreiben die mit einer vermehrten Erwerbsbeteiligung einhergehenden Veränderungen in der Lebensführung und den Lebensläufen insbesondere *junger* Frauen.
52 Daly (2011: 19) betont in ihrem „[…] kritische[n] Blick auf derzeitige Reformen der europäischen Sozialpolitik […]", dass für die Gleichstellung von Frauen länderübergreifend die gegenderte Zuschreibung von Sorgearbeit immer noch ein Problem darstellt.

nehmenden Auflösung der Standardarbeitszeiten, insbesondere durch Schichtarbeit im Dienstleistungsgewerbe oder entgrenzte Arbeitszeitmuster in höheren Positionen, die Vereinbarung von Familie und Beruf – auch für Väter – zusätzlich erschwert wird und die Organisation von Familie zu einem „zusätzlichen Stück Arbeit" gerät. Die Gefahr einer verstärkten psychischen Belastung durch höhere Arbeitszeitanforderungen wird auch in einer Studie von Beham, Präg und Drobnič (2010: 96) belegt. Drobnič und Guillén (2011) haben mit einer neuen Studie erst kürzlich überraschende Ergebnisse in Bezug auf die „Doppelbelastungs"-Hypothese vorweisen können: nicht Elternschaft und die damit verbundenen Pflichten erhöhen das Maß an empfundenen Spannungen in Bezug auf die Vereinbarung von Arbeit und Familie, sondern überlange Arbeitszeiten, Zeitdruck, Stress am Arbeitsplatz und *„working hard"* (Drobnič/Guillén 2011).

Letztendlich verweisen diese Ergebnisse jedoch - wie auch schon die Feststellung einer doppelten Belastung von Frauen - auf die Bedeutung zeitlicher (Frei-) Räume im Rahmen der Vereinbarung von Familie und Beruf. Derzeit sind in Deutschland viele Mütter nach der Geburt eines Kindes eher in Teilzeit statt in Vollzeit tätig. Das legt den Verdacht nahe, dass entweder das Modell der Vollzeittätigkeit ein Jahr nach der Geburt eines Kindes nicht bei allen Eltern als präferiertes Idealmodell für die Vereinbarkeit von Familie und Beruf angesehen wird oder dass strukturelle Barrieren den vollen Einstieg in die Erwerbstätigkeit verhindern. In der „Befragung junge Familie" im Rahmen des Evaluationsberichtes zum Elterngeld 2009 (BMFSFJ 2009b) wird deutlich, dass die Mehrheit der Mütter erst zwei Jahre nach der Geburt eines Kindes wieder berufstätig wird (siehe Abbildung 2).

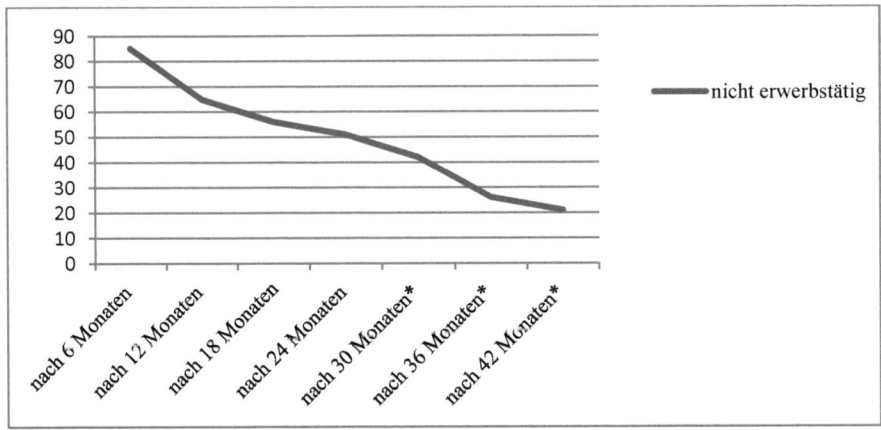

Abbildung 2:   Erwerbstätigkeit von Frauen[53] nach der Geburt des Kindes, in Prozent

Quelle: Befragung Junge Familie 2009 (BMFSFJ 2009b:10), eigene Berechnungen; (*) geplant.

---

53 In der „Befragung junge Eltern 2009" wurden Eltern befragt, die im April 2007 ein Kind bekommen haben.

Diese Berufstätigkeit findet, auch nach der Einführung des Elterngeldes, immer noch vorwiegend in Teilzeit statt (siehe Abbildung 3).

Eine vermehrte (geplante) Erwerbstätigkeit ist mit zunehmendem Alter eines Kindes zwar tendenziell zu erkennen; eine (geplante) Vollzeittätigkeit von mehr als zehn Prozent der befragten Frauen zeichnet sich jedoch erst 30 Monate nach der Geburt des Kindes ab[54].

Bei der Erwerbsbeteiligung von Frauen aus den neuen und den alten Bundesländern sind systematische Unterschiede zu erkennen (Pfau-Effinger/Smidt 2011: 228). Es ist allerdings nicht eindeutig, wo hierbei die Hintergründe zu suchen sind. Zum einen liegt die Schlussfolgerung nahe, dass diesbezüglich kulturell unterschiedlich geprägte Einstellungen zur guten Kindheit eine Rolle spielen (Pfau-Effinger 2011: 48), andererseits sind in Ost- und Westdeutschland aber auch wesentliche strukturelle Unterschiede in Bezug auf die Kinderbetreuungsmöglichkeiten – insbesondere in Hinsicht auf Betreuungsmöglichkeiten für unter dreijährige Kinder oder auch bezüglich einer Ganztagsbetreuung[55] – zu verzeichnen, die hier als Erklärung unterschiedlichen Erwerbsverhaltens dienen könnten.

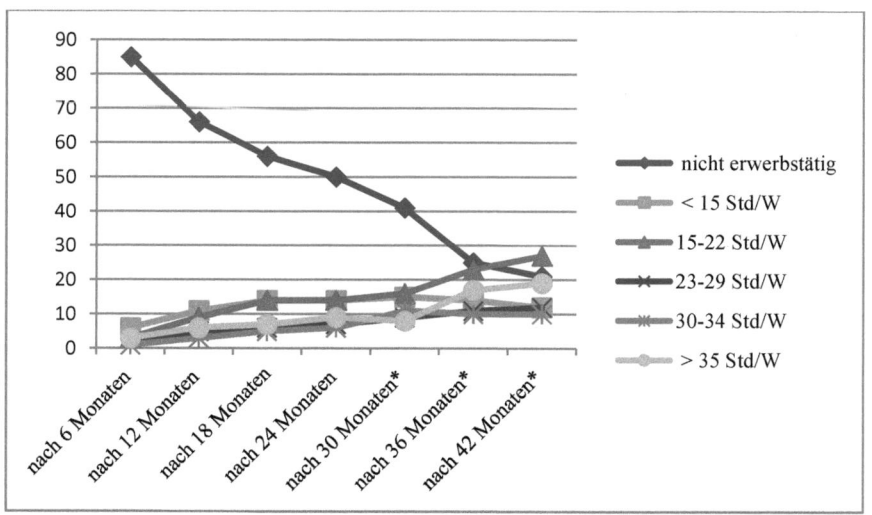

Abbildung 3:   Erwerbstätigkeit von Frauen in Stunden nach der Geburt des Kindes, in Prozent

Quelle: Befragung Junge Familie 2009 (BMFSFJ 2009b:10), eigene Berechnungen; (*) geplant.

---

54 Diese Ergebnisse bestätigen bisherige Schlussfolgerungen, dass je älter das jüngste Kind ist, für Mütter eine Erwerbstätigkeit desto eher in Frage kommt (Cornelißen 2005; Mühling et al. 2006) und desto höher auch der Anteil der erwerbstätigen Mütter in Vollzeit ist (Dressel et al. 2005; Bothfeld et al. 2005).

55 Siehe hierzu u.a. die Analyse von Henry-Huthmacher (2005) oder die Darstellungen des Statistischen Bundesamtes (2009).

Hinweise darauf, dass die Erwerbstätigkeit von Frauen durch fehlende Betreuungsmöglichkeiten mitbestimmt wird, bietet zum Beispiel der Endbericht des vom Rhei-
nisch-Westfälischen Institut für Wirtschaftsforschung (RWI) durchgeführten Forschungsprojektes "Evaluation des Gesetzes zum Elterngeld und zur Elternzeit": hier
berichten 60% der befragten Frauen über Probleme bezüglich einer adäquaten Kin-
derbetreuungsmöglichkeit, die einem früheren Wiedereinstieg in den Beruf entgegen
standen (BMFSFJ 2008b: 57). Es ist letztendlich davon auszugehen, dass die Erklärung der Unterschiede im Erwerbsverhalten von Müttern mit Kindern als das Ergebnis der Interaktion kultureller, institutioneller und ökonomischer Faktoren verstanden
werden kann (Pfau-Effinger/Smidt 2011). Die Ursachen der Erwerbsbeteiligung von
Müttern allein mit Präferenzen für verschiedene Lebensmodelle zu erklären, wie es
bei Hakim (1999) nachzulesen ist, greift mit Sicherheit zu kurz, da so die wohlfahrtsstaatliche Rahmung aller Handlungen nicht berücksichtigt wird[56]. Eine Untersuchung
der Wirkungen des Elterngeldes sollte jedoch auch die Erwerbs*wünsche* von Müttern
und nicht nur ihr Erwerbs*verhalten* miteinbeziehen. In diesem Zusammenhang ist es
wichtig, auf einen weiteren Unterschied zwischen Ost- und Westdeutschland hinzu-
weisen: Während in den alten Bundesländern von berufstätigen Müttern als Grund
für Teilzeit vorwiegend (89 Prozent) „persönliche oder familiäre Gründe" angegeben
werden, sind es bei Frauen aus den neuen Bundesländern lediglich 52 Prozent; 38
Prozent sind hier allein deswegen in Teilzeit tätig, da für sie keine Vollzeittätigkeit
zu finden ist (Statistisches Bundesamt 2010: 3).

Neben den wohlfahrtsstaatlichen strukturellen Bedingungen und fortlaufend
wirksamer kulturell geprägter Arbeitsteilungsmuster der Geschlechter sind auch
spezifische Lebensbedingungen auf individueller Ebene von Müttern mögliche Erklärungsfaktoren für das Maß an Erwerbsbeteiligung kurz nach der Geburt. Dazu
gehört neben dem Alter des jüngsten Kindes auch die berufliche Einbindung der
Mutter, ihr Erwerbsstatus vor der Geburt, ihr Bildungsstand, die Bedingungen ihrer
Lebensform – das heißt, ob ein Partner im Haushalt lebt und wie viele Kinder vorhanden sind – und die finanziellen Bedingungen, die sich aus dem eigenen Einkommen und dem des Partners ergeben.

Für die Zeit vor der Einführung des Elterngeldes war die Erwerbstätigkeit westdeutscher Frauen nach der Geburt von Kindern eine Frage des Ausbildungsniveaus:
gering qualifizierte Mütter wiesen einen überproportional starken Rückgang der
Erwerbstätigkeit in Vollzeit auf[57] (Kreyenfeld/Konietzka/Böhm 2007: 449). Diese
Tendenzen bestätigen auch die Analysen von Blossfeld, Drobnič und Rohwer (2001:
72): Frauen mit höherer Bildung und höherem Einkommen kehren in Westdeutschland eher in die Berufstätigkeit zurück. Ein solcher Zusammenhang wird im aktuellen Familienreport für alle Bundesländer untermauert: Je niedriger der Bildungsstand, desto unwahrscheinlicher ist eine Erwerbstätigkeit nach der Geburt eines Kin-

---

56 Vgl. zur Kritik an Hakims Erklärung der Erwerbsbeteiligung von Frauen mit Kindern auch Pfau-
    Effinger (2011: 38).
57 Kreyenfeld, Konietzka und Böhm (2007: 437) sprechen in diesem Zusammenhang davon, dass
    das Erziehungsgeld Anreize insbesondere für längere Erziehungszeiten bei einkommensschwa-
    chen Müttern bot.

des[58] (BMFSFJ 2011: 95). Die mit dem Elterngeld einhergehenden Anreize müssten in diesem Zusammenhang eine Erhöhung der Erwerbsbeteiligung auch in den niedrigeren Bildungsschichten bewirken, da sich durch die Begrenzung der Zahlung insbesondere bei den Geringverdienern der Druck des Erwerbseinstiegs nach einem Jahr erhöht[59]. Auch Alleinerziehende dürften einen verstärkten Druck empfinden kurz nach der Geburt eines Kindes wieder in die Berufstätigkeit einzusteigen, da sich sonst ihr Armutsrisiko erhöht[60]. Ein schnellerer Wiedereinstieg dieser beiden Gruppen von Frauen in das Erwerbsleben wäre im Zusammenhang mit dem neuen Elterngeld nahezu als ein Zwang zur Aufnahme einer Erwerbstätigkeit ein Jahr nach der Geburt zu verstehen. Tatsächlich gaben innerhalb der „Befragung junge Familie" 75 Prozent der Frauen[61] an, dass der frühere Erwerbseinstieg nicht ihren Wünschen entsprach, sondern finanzielle Gründe dahinter standen (BMFSFJ 2008: 58). Hier zeigt sich ein Hinweis darauf, dass die im Elterngeld enthaltenen *Anreize* für drei Viertel der Frauen – zumindest in Bezug auf den Zeitpunkt der Rückkehr in den Beruf – zum Teil tatsächlich als *Zwang* zum beruflichen (Wieder-) Einstieg verstanden werden.

Lebt ein berufstätiger Partner im Haushalt, so kann dies das Erwerbsverhalten von Müttern tendenziell beeinflussen: je höher die berufliche Position des Partners, desto eher und länger bleiben die Mütter zur Betreuung der Kinder zu Hause (Blossfeld/Drobnič/Rohwer 2001: 72). Im Zusammenhang mit der Betrachtung von Paarkonstellationen als Einflussfaktoren des Erwerbseinstiegs von Müttern sollte hier nicht unerwähnt bleiben, dass in Deutschland mit der Einführung des Elterngeldes im Rahmen der wohlfahrtsstaatlichen Organisation widersprüchliche Anreize gesetzt wurden: Zum einen soll mit der zeitlichen Begrenzung der Leistungen die Erwerbsbeteiligung im Rahmen des Doppelverdiener-Modells erhöht werden, zum anderen sind ökonomische Berechnungen von Paaren bezüglich der Aufteilung von Berufs- und Familienpflichten im Rahmen der Frage des „Wer verdient mehr?" vom Steuermodell des Ehegattensplittings sowie der Familienmitversicherung geprägt, die ein Fortbestehen des 1½-Verdiener-Modells begünstigen.

Ein weiterer Einflussfaktor mütterlichen Erwerbsverhaltens ist die Anzahl der im Haushalt lebenden Kinder: Die Erwerbsbeteiligung von Müttern verringert sich tendenziell mit zunehmender Kinderzahl (Reichardt 2007: 130; vgl. hierzu auch Blossfeld und Drobnič 2001).

Eine Untersuchung der Wirkungen des Elterngeldes auf die Erwerbsbeteiligung von Frauen nach der Geburt eines Kindes sollte verschiedene Faktoren in die Analy-

---

58 Für den Zusammenhang zwischen dem Zeitpunkt einer Rückkehr in die Erwerbstätigkeit kurz nach der Geburt eines Kindes und ihrem Bildungsniveau siehe auch Gangl und Ziefle (2009) in ihrer Untersuchung des Erwerbsverhaltens von Müttern und den finanziellen Folgen in Deutschland, Großbritannien und den USA.

59 Siehe hierzu die Ausführungen im vorhergehenden Kapitel „Das Elterngeld".

60 Im Gegensatz zu der Zeit vor der Einführung des Elterngeldes, als stattdessen das Erziehungsgeld 24 Monate als zusätzliche Leistung zu sozialen Sicherungssystemen gezahlt wurde.

61 Hier wurden Frauen befragt, die in der Zeit vom 01.01.07 bis 31.03.07 ein Kind bekommen hatten.

se miteinbeziehen. Dazu gehört neben einer Untersuchung des Erwerbs*verhaltens* ein und zwei Jahre nach der Geburt auch die Analyse der Erwerbs*wünsche* von Müttern mit kleinen Kindern. Zusätzlich sollen mögliche Einflussfaktoren in Bezug auf die mit dem Elterngeld einhergehenden Anreizwirkungen wie Alter, Bildungsstand, Anzahl der schon vorhandenen Kinder im Haushalt, das Vorhandensein eines Partners im Haushalt, das Einkommen der Frauen und ihrer Partner, Erwerbsstatus vor und nach der Geburt eines Kindes sowie Wohnort (getrennt nach Ost- und Westdeutschland) berücksichtigt werden. Eine Betrachtung der Zufriedenheit mit der Kinderbetreuung soll Aufschluss über die von den Frauen antizipierten strukturellen Bedingungen gewähren.

Unter Einbeziehung der genannten Faktoren gilt es nun also zu prüfen, inwieweit

1. die Erwerbsbeteiligung von in Deutschland lebenden Frauen ein Jahr nach der Geburt im Zeitraum von 2005 bis 2008 tatsächlich gestiegen ist, und
2. ob und wie sich die Zusammensetzung der Gruppe der Mütter im Jahresvergleich verändert hat. Hierbei sind insbesondere ihr Alter, ihre Erwerbsbeteiligung vor und nach der Geburt ihres Kindes, ihr Einkommen vor der Geburt des Kindes, ihre Erwerbswünsche ein Jahr nach der Geburt und ihr Bildungsstand von Bedeutung. Auch die Frage nach dem Einfluss der Anwesenheit eines Partners im Haushalt, der Größe der Familie sowie der Zufriedenheit mit den Kinderbetreuungsmöglichkeiten soll hier untersucht werden.
3. sollen weiterhin die Entwicklungen in Ost- und Westdeutschland in einer Gegenüberstellung getrennt nachgezeichnet werden, um der Frage nachzugehen, wie sich die Anreizsetzungen des Elterngeldes bezogen auf die Erwerbsbeteiligung unterschieden nach Region auswirken können.
4. soll abschließend ein Regressionsmodell Aufschluss darüber gewähren, ob und in welcher Form sich der Einfluss der verschiedenen oben genannten Faktoren auf die Erwerbsbeteiligung von Frauen ausgewirkt und im Jahresvergleich verändert hat.

Auch in der Untersuchung der Erwerbstätigkeit von Müttern kurz nach der Geburt eines Kindes soll kritisch hinterfragt werden, inwieweit es als geeignet angesehen werden kann, wohlfahrtsstaatliche Maßnahmen im Rahmen von Anreizsetzungen zu konzipieren.

3 Die Analyse: Daten und Methode

Die Analyse der Wirkungen des Elterngeldes anhand der Daten des SOEP soll auf den drei zuvor genannten Ebenen stattfinden: der Geburtenhäufigkeit, der Väterbeteiligung an der Kinderbetreuung sowie der Erwerbsbeteiligung von Frauen nach der Geburt des Kindes. Mittels dieser Untersuchungen soll erstens beleuchtet werden, ob mit der Einführung des Elterngeldes die Anzahl der Geburten gestiegen ist, ob sich zweitens Väter tatsächlich ein Jahr nach der Geburt mehr an der Betreuung ihrer Kinder beteiligen und ob drittens Frauen kurz nach der Geburt vermehrt wieder in die (Vollzeit-) Erwerbstätigkeit einsteigen.

In den drei genannten Bereichen werden für eine differenziertere Darstellung der Entwicklungstendenzen zusätzliche Faktoren die Untersuchung der betreffenden Gruppen unterstützen. Für jeden dieser drei Analysebereiche erfolgt über den Zeitraum der Jahre 2005 bis 2008 eine Darstellung der Entwicklungstendenzen in Bezug auf die als relevant angesehenen Faktoren. In Bezug auf die Väterbeteiligung und die Erwerbsbeteiligung von Frauen wird mit Hilfe von Regressionsanalysen eine Analyse der Einflussfaktoren im Jahresvergleich vorgenommen, um so die Relevanz, die Ausprägung und die Richtung der einbezogenen Faktoren vor und nach der Einführung des Elterngeldes zu ermitteln. Anhand der Ergebnisse soll zugleich auch eine Einschätzung der Validität der im Bericht des Deutschen Bundestages (2008) entworfenen Kausalitätskonzepte zu spezifischen Wirkungsannahmen von Anreizsetzungen vorgenommen werden. Im Rahmen dieser Untersuchung bietet sich schließlich eine zusätzliche Betrachtung der Wirkungen des Elterngeldes getrennt nach neuen und alten Bundesländern im Rahmen von Mittelwertvergleichen an.

Die Ergebnisse der Analyse sollen insgesamt einen ersten Eindruck gewähren, inwieweit das familienpolitische Instrument „Elterngeld" die gesetzten Ziele erfüllen konnte. Insbesondere aufgrund der benannten Dringlichkeit der „Umkehr des Geburtenrückgangs" ist eine Bewertung der Wirksamkeit dieses Instrumentes von hoher gesellschaftlicher Bedeutung.

3.1 Die Daten

Die Grundlage der einzelnen Analysen bilden die Daten des Sozio-oekonomischen Panels (SOEP) des DIW Berlin. Das SOEP ist eine repräsentative jährliche Wiederholungsbefragung privater Haushalte, bei der jedes Jahr in Deutschland in der Regel über 20.000 Personen aus rund 11.000 Haushalten befragt werden.[62] Die dabei erhobenen personenbezogenen Längsschnittdaten machen es möglich, die Entwicklungen von Lebensumständen, Meinungen und Befindlichkeiten über die Jahre hinweg

---

62 Mehr Informationen zum SOEP sind auf der Internetseite des DIW zu finden: http://www.diw.de/soep.

nachzuzeichnen. Im Fall der vorliegenden Untersuchung lassen sich somit die Daten von Personen aus dem Jahr der Geburt ihres Kindes in Beziehung setzen zu Daten, die ihre Lebensumstände in den Jahren davor und danach betreffen.

Zur Beantwortung der drei Fragestellungen in Bezug auf Geburtenhäufigkeit, Väterbeteiligung und Erwerbsbeteiligung der Frauen müssen Variablen aus insgesamt sechs Jahren herangezogen werden. Für die Geburten bzw. Elternschaften 2005 sind das die Jahre 2004 bis 2007 (Wellen U, V, W und X), für die Geburten 2006 die Jahre 2005 bis 2008 (Wellen V, W, X und Y), für die Geburten 2007 die Jahre 2006 bis 2009 (Wellen W, X, Y und Z) sowie für die Geburten 2008 die Jahre 2007 bis 2009 (Wellen X, Y und Z[63]).[64]

Für die Gewährleistung der Repräsentativität (quer) sowie zur Bearbeitung der Panelmortalität (längs) wurden die Daten der verschiedenen Wellen gewichtet. Querschnitt- sowie Längsschnitt-gewichte wurden je nach Herkunft der zu den Analysen verwendeten Variablen auf die Fallzahlen gelegt. Um einer Verzerrung der Höhe der Signifikanz aus den einzelnen Analysen entgegen zu wirken, wurden die Gewichte für die Regressionsanalysen mit dem Faktor 1/1000 multipliziert.

Für die Wellen U bis Z (2004 bis 2009) gab es im SOEP (Version 26) die folgenden Fallzahlen (siehe Tabelle 1):

Welle	Fallzahlen	Fallzahlen (gewichtet)
U (2004)	22.019	82.252.000
V (2005)	21.105	82.189.000
W (2006)	22.358	82.083.000
X (2007)	20.886	81.971.000
Y (2008)	19.684	81.875.000
Z (2009)	20.869	81.567.000

Tabelle 1:   Anzahl der Personen im SOEP der Wellen U, V, W, X, Y und Z (2004 bis 2009); tatsächliche und gewichtete Zahlen

Datenquelle: SOEP 26, eigene Berechnungen, gewichtete Fallzahlen sind gerundet

In der vorliegenden Untersuchung werden lediglich die personenbezogenen Daten herangezogen.[65]

Für die Analysen wurden Datensätze erstellt, in denen jeweils diejenigen Personen zusammengefasst sind, die 2005, 2006, 2007 oder 2008 ein Kind bekommen

---

63 Seit dem 21.10.11 liegen die Daten des Jahres 2010 vor (SOEP 27); diese aktuelleren Daten wurden in dieser Analyse nicht verarbeitet.

64 Zum Zeitpunkt der Durchführung dieser Analyse liegen lediglich die SOEP-Daten bis 2009 vor. Tatsächlich wäre eine Analyse über mehr als vier Jahre informativer gewesen; hierzu müssten die Daten aus der Befragung von 2010 hinzugezogen werden.

65 Die Variablen mit den personenbezogenen Informationen werden aus den Datensätzen $P, $PGEN, $PEQUIV und $PBRUTTO generiert.

haben[66]. Diese Angaben wurden aus der Befragung im Jahr nach der Geburt generiert[67]. Personen, die im Untersuchungszeitraum mehr als ein Kind bekommen haben, wurden für jede Geburt eines Kindes extra berücksichtigt[68].

Die Untersuchungen beziehen sich im Jahr 2005 auf insgesamt 504 Elternteile, 229 davon männlich und 268 weiblich[69]. 2006 gibt es innerhalb der Daten des SOEP insgesamt 400 Personen mit einem neu geborenen Kind, 187 davon männlich und 209 weiblich. 2007 sind es 333 Geburten, mit 159 Vaterschaften und 173 Mutterschaften, sowie 2008 insgesamt 422 im SOEP verzeichnete Neugeborene mit 159 Vätern, die Teil der Erhebung sind, und 220 Müttern.

Jahr	alle	alle (gew.)	Männer	Männer (gew.)	Frauen	Frauen (gew.)
	Demografie		Väterbeteiligung		Erwerbsbeteiligung	
2005	504	1.299.000	229	622.000	268	661.000
2006	400	1.099.000	187	524.000	209	574.000
2007	333	1.031.000	159	449.000	173	576.000
2008	422	1.837.000	199	869.000	220	958.000

Tabelle 2:   Fallzahlen der Analyse (Elternteile)

Datenquelle: SOEP 26, eigene Berechnungen, gewichtete Fallzahlen sind gerundet

3.2 Die drei Datensätze

Für die Analyse der drei unterschiedlichen Fragestellungen wurde jeweils ein Datensatz angelegt, in dem sich die für deren Beantwortung relevanten Variablen befinden. Die Beschaffenheit dieser Datensätze soll im Folgenden gesondert dargelegt werden.

---

66 Frauen mit einem Alter von mehr als 48 Jahren wurden aus dem Datensatz entfernt, da in diesen Fällen von einer möglichen Adoption durch die Großmutter auszugehen war (auch aufgrund der Tatsache, dass sich bei den betreffenden Frauen eine Tochter zwischen 13 und 18 Jahren im Haushalt befand). Zur Untersuchung der vorliegenden sich an Eltern richtenden Fragestellungen ist die Einbeziehung dieser Fälle nicht sinnvoll.

67 Zusammengefasst sind die Eltern, die in der Zeit von 2005 bis 2008 ein Kind bekommen haben, in der Variable GebJahr_Kind.

68 Da es innerhalb dieser Analyse um den Vergleich der Zusammensetzung der Elternschaft vor und nach der Einführung des Elterngeldes geht, war es wichtig, jede Elternschaft unabhängig von der Person zu berücksichtigen. Die nach Geburtsjahr gefilterten Datensätze wurden dafür addiert (nicht: gematcht, da in diesem Verfahren doppelte Personennummern mit den neuesten Angaben „überschrieben" werden).

69 Die im Vergleich der Zahlen zu den Datensätzen nach Geschlecht und der Gesamtanzahl der Eltern fehlenden Fälle ergeben sich aus nicht vorhandenen Angaben zum Geschlecht in den betreffenden Datensätzen.

3.2.1 Der Datensatz „Demografie"

Für den Vergleich der Eltern aus den Geburtenjahrgängen 2005 bis 2008 wurden verschiedene Variablen[70] generiert, mit denen eine Beantwortung der Fragen nach den Wirkungen des Elterngeldes ermöglicht werden soll. Neben sozioökonomischen Faktoren wie Einkommen, Erwerbsstatus, Bildungsstand, dem Alter und Geschlecht der Eltern sowie dem Vorhandensein eines Partners und der Anzahl der Kinder im Haushalt werden zusätzlich Aussagen zur Zufriedenheit zu Leben und Arbeit oder zu empfundenen Sorgen bezüglich der eigenen wirtschaftlichen Situation herangezogen. Die Variable „Wohnort" ermöglicht die Untersuchung der Fragestellungen getrennt nach Eltern aus den neuen und den alten Bundesländern.

Zur besseren Darstellungsmöglichkeit der Veränderungen in der Zusammensetzung der Elternschaft über den Zeitraum der Jahre 2005 bis 2008 werden einzelne vormals metrische Variablen kategorisiert und somit in ein ordinales Skalenniveau überführt. Die Altersgruppen werden in fünf Kategorien zusammengefasst[71]. Das Bildungsniveau wird als Dummy-Variable festgelegt mit dem Abschluss „Abitur" als Trennwert. Die in der Ursprungsvariable vorhandene Ausprägung „andere Abschlüsse" wird als systembedingt fehlend definiert, da diese Abschlüsse nicht sicher eingeordnet werden können. Der Erwerbsstatus wird in zwei Variablen zusammengefasst; die eine unterscheidet zwischen nicht erwerbstätig, in Teilzeit erwerbstätig und in Vollzeit erwerbstätig, die andere ausschließlich zwischen erwerbstätig und nicht erwerbstätig und ist als Dummy-Variable konzipiert. Beide Variablen beziehen sich hier auf das Jahr *vor* der Geburt des Kindes. Das Einkommen wird als Bruttoeinkommen aus der Summe der Angaben zum Bruttoeinkommen aus Arbeitnehmertätigkeit, selbstständiger Tätigkeit, Nebenverdiensten, Bafög und Stipendien sowie Wehr- und Zivildienst erfasst.[72]

Fehlende Werte werden im Datensatz Demografie grundsätzlich als systembedingt fehlend definiert, allerdings mit zwei Ausnahmen: In der Variable ‚Generiertes

---

70 Ein Überblick über den Datensatz „Demografie" befindet sich im Anhang, der unter www.springer.com auf der Produktseite dieses Buches verfügbar ist

71 Ursprünglich sechs Kategorien, da auch die Altersgruppe bis 20 Jahre anfangs extra erfasst werden sollte. Da es aber in dieser Kategorie nur vereinzelte Fälle gab, wurden die beiden untersten Kategorien zusammengefasst.

72 In dieser Analyse sollen andere Zahlungen zum Lebensunterhalt oder andere finanzielle Leistungen wie z.B. ALG II, Kindergeld oder Renten nicht berücksichtigt werden, da hier insbesondere die Anreizwirkung des Elterngeldes als Lohnersatzleistung untersucht werden soll. Dazu sind lediglich solche Formen von Einkommen relevant, die zur Berechnung des Elterngeldes herangezogen werden. Wichtig erschien zusätzlich die Auswertung des Brutto- anstatt des Nettoeinkommens, um so den Verzerrungen, die sich in Deutschland aus der Versteuerung im Rahmen des Ehegattensplittings ergeben können, entgegenzuwirken. Die Berechnung der Höhe des Elterngeldes sieht zwar keine Berücksichtigung dieser Verzerrungen vor, indem es anhand des Nettoeinkommens berechnet wird; allerdings wird in dieser Analyse davon ausgegangen, dass in den meisten Fällen keine gezielte Planung der Verteilung der Lohnsteuerklassen in einer Ehegemeinschaft im Jahr vor der Geburt eines Kindes erfolgt und damit eine adäquate Erfassung des Einkommens insbesondere in Bezug auf Einkommensunterschiede zwischen den Geschlechtern allein über das Bruttoeinkommen erfolgen kann.

Einkommen' wird dem Wert ,-2' (trifft nicht zu) der Wert ,0' verliehen (und somit in der kategorisierten Variante der Wert ,1'); beim Erwerbsstatus wurde dem Wert ,-2' (trifft nicht zu) der Wert ,3' (nicht erwerbstätig) verliehen sowie beim Erwerbsstatus im Jahr vor der Geburt des Kindes dem Wert ,-2' (trifft nicht zu) der Wert ,0' (nicht erwerbstätig).

Die Anzahl der fehlenden Fälle bei den gewichteten Fallzahlen überschreitet mit Ausnahme der Variablen „Generiertes Bruttoeinkommen" (hier sind es jeweils zwischen fünf Prozent und neun Prozent) und „Zufriedenheit mit Arbeit" in keiner der anderen Variablen einen Anteil von fünf Prozent. Für die fehlenden Fälle gibt es verschiedene Hintergründe. Eine Ursache sind die bei einer gleichzeitigen Auswertung von Daten aus unterschiedlichen Wellen wegfallenden oder hinzu gekommenen Personen. Hier sorgen die auf die Fälle gelegten Längsschnittgewichte dafür, dass diese Lücke in den Fallzahlen geschlossen wird. Zusätzliche Ursachen für fehlende Fälle können inhaltlich insofern begründet sein, als dass die Fragestellung für die Personen nicht relevant ist. Dies zeigt sich z.B. bei der Variable „Zufriedenheit mit der Arbeit": Diese Bewertung wurde nur von Personen vorgenommen, die vor der Geburt des Kindes auch berufstätig waren. Ein anderer Grund liegt bei Antworten, die nicht in die vorhandenen Antwortkategorien einzuordnen sind wie z.B. ein Teil der fehlenden Werte bei der Variable „Abitur": Hier sind fehlende Ausprägungen zum Teil dem Umstand zuzuschreiben, dass die unter dem Label „andere Abschlüsse" gezählten Angaben als systembedingt fehlend definiert werden mussten. Eine häufige Ursache für fehlende Werte ist die Verweigerung der Antwort bei der Befragung; dieser Grund trifft insbesondere für Fragen zum Einkommen zu[73]. Auf eine Analyse der Variablen, die fehlende Werte über 5% aufweisen, muss im Rahmen bivariater Analysen bestimmter Gruppen nicht verzichtet werden; im Rahmen der multivariaten Analysen der Datensätze „Väterbeteiligung" und „Erwerbsbeteiligung" werden fehlende Fälle durch Mittelwert-Imputation ersetzt. Hierfür wurde bezüglich der Daten zu Einkommen – wie später noch erläutert wird – ein spezielles Verfahren angewandt.

3.2.2 Der Datensatz „Väterbeteiligung"

Im Datensatz „Väterbeteiligung"[74] werden lediglich die Daten von *Vätern*, die in den Jahren 2005 bis 2008 ein Kind bekommen haben, zusammengetragen. Hier sind die Variablen zu finden, die für die Untersuchung der Fragestellungen im Zusammenhang mit den Auswirkungen des Elterngeldes auf die Väterbeteiligung bei Betreuungsleistungen für das eigene Kind bzw. die eigenen Kinder von Bedeutung sind. Wie auch schon im Datensatz „Demografie" sind Variablen wie Einkommen, Erwerbsstatus (hier allerdings vor und nach der Geburt des Kindes), Bildungsstand, Alter, Wohnort (Ost- oder Westdeutschland) und die Anzahl der Kinder im Haushalt von Interesse. Zusätzlich wird der gewünschte Erwerbsumfang der Väter in die Ana-

---

73 Eine genaue Übersicht über die in den Analysen verwendeten Variablen findet sich im Anhang.
74 Ein Überblick über den Datensatz „Väterbeteiligung" befindet sich im Anhang, der unter www.springer.com auf der Produktseite dieses Buches verfügbar ist

lyse mit einbezogen. Mit der selbst generierten Variable „Einkommensvergleich"
wird erfasst, ob das Einkommen des Vaters oder das seiner Partnerin im Jahr vor der
Geburt des Kindes höher war. Die Variable „Kinderbetreuung" bildet den Kern der
Analysen zur Väterbeteiligung: hier finden sich die Angaben der befragten Personen
eines Haushaltes zu der Anzahl der in der Woche (werktags) geleisteten Betreuungsstunden pro Tag ein Jahr nach der Geburt des Kindes[75]. Für die Variable „Generiertes
Einkommen" wurden die fehlenden Werte zum Bruttoeinkommen[76] ersetzt, um auf
die Auswertung von circa einem Fünftel der Fälle nicht verzichten zu müssen. In
einem besonderen Verfahren der Imputation werden die Unterschiede verschiedener
Einkommensgruppen je nach Einkommensart (Bruttolohn aus Arbeitnehmertätigkeit,
selbstständiger Tätigkeit, Nebenverdiensten, Bafög und Stipendien sowie Wehr- und
Zivildienst) berücksichtigt. Dazu wurden die Mittelwerte der vorliegenden Zahlen zu
den Einkommensarten *getrennt* berechnet und zur Imputation der fehlenden Angaben
herangezogen, um so das Ausmaß der dadurch entstehenden Verzerrungen zumindest
bis zu einem gewissen Grade zu verringern.

Die Ursachen für die fehlenden Werte sind auch hier unterschiedlicher Natur; in
Bezug auf die gewichteten Fälle sowie die Variable „Bildung" gelten die schon in
den Anmerkungen zum Datensatz „Demografie" genannten Erklärungen. Durch die
Imputation der Werte für das Bruttoeinkommen gibt es hier nun allerdings keine
fehlenden Werte mehr. Die außerordentlich geringen Fallzahlen für die Variable
„Einkommensvergleich" haben mehrere Hintergründe: zum einen wird dort auf die
Imputation von Einkommensmittelwerten verzichtet und zum anderen wird diese
Variable nur für Elternteile berechnet, die eine/n (an der Befragung des SOEP teil-
nehmende/n) Partner/in haben.

3.2.3 Der Datensatz „Erwerbsbeteiligung"

Im Datensatz „Erwerbsbeteiligung"[77] sind die Daten der im Rahmen des SOEP befragten *Mütter* zu finden, die in den Jahren 2005 bis 2008 ein Kind bekommen haben. Hier sind die Variablen zusammengetragen, die als Untersuchungsgrundlage der
Fragestellung dienen, inwieweit sich die Erwerbsbeteiligung in der Gruppe der Müt-

---

75 Hier ein Verweis auf die zeitliche Relation zwischen Geburt des Kindes und Betreuungsstunden
    im Rahmen der Befragungen des SOEP: Die hier erfassten Angaben zur Betreuung beziehen sich
    auf das Folgejahr der Geburt des Kindes und spiegeln damit die väterliche Betreuung von Kin-
    dern im Alter von 1-24 Monaten. Innerhalb dieser Analyse spreche ich der Einfachheit halber
    von „einem Jahr nach der Geburt". Die Nutzung dieser Daten ist nicht ganz unproblematisch, da
    sie zum einen auf eigener Schätzung der Befragten beruhen und zum anderen Angaben von 0 bis
    24 Stunden pro Tag zulassen. In der Auswertung zur Väterbeteiligung wird auf diese Umstände
    später nochmals näher eingegangen.
76 Zur Ermittlung des Bruttoeinkommens wurden lediglich Daten aus Erwerbstätigkeit, Selbstän-
    digkeit oder Einkommen aus Zivildienst und Stipendien, Nebenverdiensten und Bafög zusam-
    mengetragen, da dies auch Einkommensarten sind, die zur Berechnung der Höhe des Elterngel-
    des relevant sind.
77 Ein Überblick über den Datensatz „Erwerbsbeteiligung" befindet sich im Anhang, der unter
    www.springer.com auf der Produktseite dieses Buches verfügbar ist

ter eines Geburtsjahrgangs mit der Einführung des Elterngeldes verändert hat. Da die Erwerbsbeteiligung der Mütter sowohl ein als auch zwei Jahre nach der Geburt eines Kindes untersucht wird, werden einige der Variablen in zwei Ausführungen erstellt, die sich auf diese beiden verschiedenen Zeiträume nach der Geburt eines Kindes beziehen. Wie auch schon in den Datensätzen „Demografie" und „Väterbeteiligung" gehören zu den ausgewählten Variablen dieser Analyse das Bruttoeinkommen, Bildungsstand, Alter, Wohnort (Ost- oder Westdeutschland), die Anzahl der Kinder im Haushalt und der Erwerbsstatus (vor und nach der Geburt des Kindes). Der gewünschte Erwerbsumfang wird hier für ein und zwei Jahre nach der Geburt des Kindes erhoben. Zusätzlich bietet – wie auch im Datensatz „Väterbeteiligung" - die Variable „Einkommensvergleich" die Möglichkeit, den Einfluss des Partnereinkommens zu untersuchen. Mit der Variable „Sorgen über die wirtschaftliche Situation" ein und zwei Jahre nach der Geburt eines Kindes soll die finanzielle Situation dem Erwerbsverhalten gegenübergestellt werden können; die „Zufriedenheit mit der [außerfamilialen] Kinderbetreuung" ein und zwei Jahre nach dem Geburtsjahr dient als Indikator für die jeweilige empfundene Entlastung durch Kinderbetreuungsleistungen. Die Variablen „Wochenarbeitsstunden ein Jahr nach der Geburt" und „Wochenarbeitsstunden zwei Jahre nach der Geburt" bilden den Kern der Analysen zur Erwerbsbeteiligung: hier werden die Wochenarbeitsstunden der Mütter ein Jahr nach der Geburt eines Kindes sowie in dem darauf folgenden Jahr erfasst[78].

Die fehlenden Werte in den ungewichteten und gewichteten Variablen lassen sich auch hier wie schon für die beiden vorher genannten Datensätze erklären.

3.3 Die Analyseverfahren

Die Analyse erfolgt in vier Schritten. Zunächst werden die Hauptvariablen (Jahr der Elternschaft bzw. der Geburt, Väterbeteiligung bei der Kinderbetreuung und Erwerbsbeteiligung von Müttern in tatsächlichen Wochenarbeitsstunden) aus den Datensätzen anhand ihrer Mittelwerte und Verteilungen dargestellt.

In einem weiteren Schritt sollen Gegenüberstellungen der Ausprägungen in den Jahren 2005 bis 2008 die Beantwortung der Frage zu den Auswirkungen des Elterngeldes im Sinne eines Vorher-Nachher-Vergleiches ermöglichen. In der Untersuchung der Väterbeteiligung nach der Geburt eines Kindes unterstützen zusätzlich Mittelwertvergleiche die Suche nach Faktoren väterlichen Engagements.

In einem Gruppenvergleich der Eltern aus den neuen und den alten Bundesländern soll mit Mittelwertvergleichen (ANOVA) geprüft werden, inwieweit sich signi-

---

78 Hier erneut – wie auch schon für die abhängige Variable „Kinderbetreuung" im Datensatz Väterbeteiligung der Hinweis auf die zeitlichen Dimensionen innerhalb dieser Variable: Da die Erwerbsbeteiligung zum Befragungszeitpunkt erfasst wird und das Geburtsjahr retrospektiv, können sich die Angaben zu den „Wochenarbeitsstunden ein Jahr nach der Geburt" auf 1 – 24 Monate nach der Geburt eines Kindes beziehen. Bei den „Wochenarbeitsstunden zwei Jahre nach der Geburt" beziehen sich die Angaben auf einen Zeitraum von 13 – 36 Monaten nach der Geburt des Kindes.

fikante Unterschiede zwischen diesen beiden Teilen Deutschlands abzeichnen. Ein Vergleich der Unterschiede und ihrer Signifikanz[79] über die Jahre dient dabei der zusätzlichen Beantwortung der Frage, inwieweit sich Unterschiede verfestigen, auflösen oder auch neu abzeichnen.

In einem letzten Schritt der Analyse wird mittels Regressionsanalysen der Frage nachgegangen, ob sich mit der Einführung des Elterngeldes in Deutschland erstens die Beteiligung der Väter an der Kinderbetreuung kurz nach der Geburt eines Kindes verändert hat und ob sich zweitens eine veränderte Erwerbsbeteiligung von Müttern in den ersten Jahren nach der Geburt ihrer Kinder abzeichnet. Die getrennt durchgeführten Regressionsrechnungen mit den beiden abhängigen Variablen „Kinderbetreuung" (von Vätern) und „Erwerbsbeteiligung" (von Müttern) werden um verschiedene unabhängige Variablen, die im theoretischen Teil als relevant herausgearbeitet wurden, ergänzt. Für die Regressionsanalyse werden die Variablen in einem ersten Schritt mittels Korrelation[80] auf Multikollinearität hin überprüft. Von den erklärenden Variablen, deren Korrelation einen Wert von 0,8 oder höher aufweisen, wird jeweils eine in der Regressionsanalyse nicht miteinbezogen, um einer Verzerrung der Ergebnisse vorzubeugen. In der Analyse der Erwerbsbeteiligung von Frauen ein Jahr nach der Geburt eines Kindes betrifft das die Variablen „Erwerbsstatus im Jahr nach der Geburt des Kindes" und „Erwerbswunsch ein Jahr nach der Geburt": Aufgrund der Korrelation mit der abhängigen Variable werde sie aus dem Regressionsmodell entfernt. Für die Analyse der Arbeitsstunden zwei Jahre nach der Geburt eines Kindes wurde ebenfalls auf die Einbeziehung dieser Variablen für das zweite Jahr verzichtet. In der Analyse der Väterbeteiligung wurde die Variable „Erwerbsstatus im Jahr nach der Geburt des Kindes" aufgrund der hohen Korrelation mit der Variable „gewünschter Arbeitsumfang ein Jahr nach der Geburt" entfernt.

In der Auswertung der Regressionsanalyse soll der Vergleich der Koeffizienten aus den Regressionsmodellen zwei Jahre *vor* und zwei Jahre *nach* der Einführung des Elterngeldes im Vordergrund stehen.

---

79 p > 0,10 wird als schwach signifikant interpretiert, p > 0,05 als signifikant und p > 0,01 als hoch signifikant.

80 Korrelation nach Pearson; in Überblick über die Korrelationen befindet sich im Anhang, der unter www.springer.com auf der Produktseite dieses Buches verfügbar ist

4 Ergebnisse

In diesem Abschnitt soll anhand der Daten des SOEP die Frage bearbeitet werden, inwieweit drei der Ziele, die zusammen mit der Einführung des Elterngeldes im Rahmen einer nachhaltigen Familienpolitik formuliert wurden, tatsächlich verwirklicht werden konnten. Die Analyse wird nach den Bereichen getrennt in drei Abschnitten erfolgen.

4.1 Ergebnisse Demografie

Eines der Ziele des Elterngeldes ist die Umkehr des Geburtenrückgangs. Zur Beschreibung von Geburtenentwicklungen bedarf es besonderer Sorgfalt: welche Maßzahlen sind hier angebracht? Tatsächlich ist die angemessene Beschreibung dieser gesellschaftlich und sozialpolitisch außerordentlich bedeutungsvollen Dimension eines Staates alles andere als trivial. Betrachtet man zum Beispiel ausschließlich die Anzahl der Geburten, so bleibt die relative Entwicklung der Geburten in Bezug auf die allgemeine Zusammensetzung der Bevölkerung unberücksichtigt. Dies ist jedoch dann von Bedeutung, wenn es um längerfristige Prognosen zur sozialen Sicherung im Rahmen des Generationenvertrages geht. Ein weiteres Problem ergibt sich, wenn die Anzahl der Geburten je Frau beschrieben werden soll: Bezieht man nur diejenigen Frauen ein, die älter als 45 sind und deren Kinderzahl damit (in der Regel) als Berechnungsgrundlage für die endgültige Fertilitätsrate angesehen werden kann, so erfasst man lediglich die Tendenzen der älteren Generationen und damit keine *aktuellen* Entwicklungstendenzen.

Je nachdem, welche Fragestellung in den Vordergrund tritt, können verschiedene Maßzahlen zur Erfassung der Geburtenentwicklung angebracht sein. Wenn es um die reine Anzahl der Geburten geht – zum Beispiel für Krankenhausstatistiken oder das Verhältnis von Lebendgeburten zu Totgeburten –, sind die absoluten Geburten*zahlen* die geeignete Form der Darstellung. Geht es um Fragen der sozialen Sicherung mit Blick auf die Zukunft, so ist die Geburten*rate* beziehungsweise Geburten*ziffer* ein adäquater Indikator. Mit dieser Maßzahl wird die Anzahl der jährlichen Geburten bezogen auf die Gesamtbevölkerung beschrieben. So bedeutet eine Geburtenrate von dreizehn zum Beispiel dreizehn Geburten auf 1000 Einwohner innerhalb eines Jahres. Bei der Interpretation der Geburtenrate muss daher berücksichtigt werden, dass sich in dieser Maßzahl nicht nur die Anzahl der Geburten, sondern auch die Altersstruktur einer Bevölkerung widerspiegelt (Groß 2007: 53).

Zur Beantwortung der hier bearbeiteten Fragestellung, inwieweit sich mit dem Elterngeld mehr Familien für ein (weiteres) Kind entscheiden, ist die *totale Fertili-*

tätsrate beziehungsweise *zusammengefasste Geburtenziffer* eine geeignete Maßzahl. Mit ihr wird die durchschnittliche Gesamtanzahl der Geburten je Frau innerhalb einer Bevölkerung gemessen, meist für Frauen im Alter zwischen 15 und 49 Jahren[81]. Diese Zahl spiegelt nicht die tatsächliche endgültige durchschnittliche Kinderzahl pro Frau, sondern die *erwartete* durchschnittliche Anzahl von Lebendgeburten einer Frau. Da die Berechnung anhand aktueller Geburtenzahlen nach Alter prospektiv erfolgt, werden hier aktuelle Tendenzen der Geburtenentwicklung am besten widergespiegelt. Die totale Fertilitätsrate dient daher aufgrund der genannten Eigenschaften als bevorzugtes Vergleichsinstrument für historische oder auch international vergleichende Analysen von Bevölkerungsentwicklungen.

Die Betrachtung der Geburtenentwicklung zwei Jahre vor und zwei Jahre nach der Geburt soll in dieser Analyse aus zwei Perspektiven erfolgen. Zum einen werden für einen angemessenen Einblick in die Geburtenentwicklung in Deutschland die für den Zeitraum der letzten 20 Jahre vorliegenden Zahlen des Statistischen Bundesamtes zu den Geburtenzahlen, den Geburtenraten und den totalen Fertilitätsraten dargestellt; Informationen darüber, inwieweit sich die Zusammensetzung der Elternschaft mit der Einführung des Elterngeldes verändert hat, werden dagegen anhand der Daten des SOEP generiert. In der Analyse stehen zwei Fragen im Vordergrund: Welche Tendenzen lassen sich erstens vor und nach der Einführung des Elterngeldes in Bezug auf die Geburtenentwicklung in Deutschland erkennen und sind zweitens tatsächlich Entwicklungen erkennbar, die sich als eine mit diesem familienpolitischen Instrument einhergehenden „Anreizwirkung zur Entscheidung zum Kind" deuten lassen?

4.1.1 Die Geburtenentwicklung in Deutschland

Die totale Fertilitätsrate müsste, um das Bevölkerungsniveau eines Landes zu erhalten, mindestens 2,1 betragen (Espenshade/Guzman/Westoff 2003). Dieser Wert wird in Deutschland schon seit den frühen 1970ern nicht mehr erreicht (vgl. Statistisches Bundesamt 2011c, OECD 2010). Im internationalen Vergleich liegt Deutschland bei den Werten zu den totalen Fertilitätsraten auf dem viertletzten Platz[82]. Während der Anteil der älteren Bevölkerung an der Gesamtbevölkerung beständig ansteigt, sinken die Geburtenzahlen pro Jahr in Deutschland in den letzten 20 Jahren nahezu stetig (siehe Abbildung Nr. 4).

---

81 Siehe hierzu auch den Beitrag „Fertilität und Geburtenentwicklung" von Münz (2007) im Online-Handbuch Demografie des Berlin-Instituts für Bevölkerung und Entwicklung.
82 Grundlage dieses Vergleiches der OECD sind 34 Industrie- und Schwellenländer.

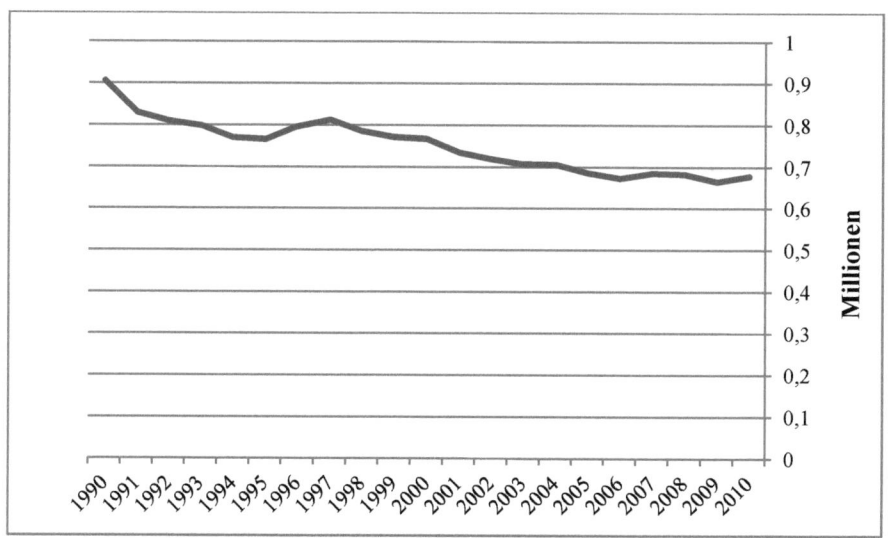

Abbildung 4:   Lebendgeborene in Deutschland (1990-2010)

Quelle: Statistisches Bundesamt (2011a); eigene Berechnungen

Der seit 1997 fortlaufend zu verzeichnende Abwärtstrend der absoluten Geburtenzahlen in Deutschland schien mit der Einführung des Elterngeldes unterbrochen zu
sein: Erstmals waren nach langer Zeit wieder mehr Geburten als im Vorjahr zu
verzeichnen. Bei der Betrachtung der totalen Fertilitätsraten über die letzten 20
Jahre hinweg (siehe Abbildung Nr. 5) wird allerdings deutlich, dass diese relative
Steigerung insbesondere aus dem Geburtentief des Jahres 2006 abzuleiten ist und
weniger als ein Trend hin zu mehr Geburten pro Frau gedeutet werden kann.

Stellt man die totalen Fertilitätsraten der neuen und der alten Bundesländern
gegenüber, so zeigen sich hier außerordentlich unterschiedliche Entwicklungen
innerhalb der letzten beiden Jahrzehnte: Während in Westdeutschland die Geburten
je Frau sich im Durchschnitt im Bereich von 1,34 bis 1,45 bewegten, ging in Ostdeutschland mit der Wiedervereinigung ein Rückgang auf 0,77 (im Jahr 1994)
Geburten je Frau einher. Der Stand der totalen Fertilitätsrate von 1,52 aus dem
Jahr 1990 vor dem „schockartigen Geburtenabfall" nach der Wende (Sackmann
1999) wurde bis heute nicht wieder erreicht, 2010 betrug er lediglich 1,46. Allerdings ist für Ostdeutschland seit dem Geburtentief 1994 ein stetig fortlaufender
Anstieg der totalen Fertilitätsrate zu erkennen.

Von einem Trend hin zu mehr Geburten durch die Einführung des Elterngeldes
kann somit für ganz Deutschland eher nicht gesprochen werden. Möglicherweise
wurde mit dem Elterngeld jedoch ein weiteres Sinken der Geburtenzahlen und damit
die Verstärkung eines Abwärtstrends verhindert.

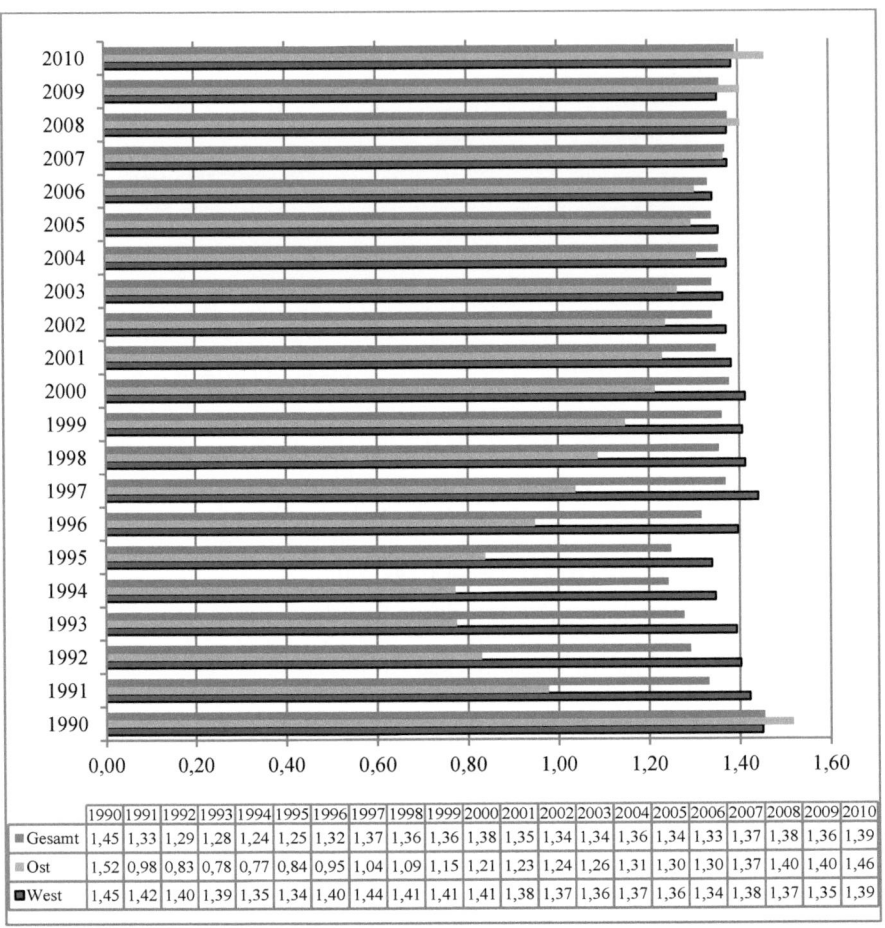

	1990	1991	1992	1993	1994	1995	1996	1997	1998	1999	2000	2001	2002	2003	2004	2005	2006	2007	2008	2009	2010
■ Gesamt	1,45	1,33	1,29	1,28	1,24	1,25	1,32	1,37	1,36	1,36	1,38	1,35	1,34	1,34	1,36	1,34	1,33	1,37	1,38	1,36	1,39
■ Ost	1,52	0,98	0,83	0,78	0,77	0,84	0,95	1,04	1,09	1,15	1,21	1,23	1,24	1,26	1,31	1,30	1,30	1,37	1,40	1,40	1,46
■ West	1,45	1,42	1,40	1,39	1,35	1,34	1,40	1,44	1,41	1,41	1,41	1,38	1,37	1,36	1,37	1,36	1,34	1,38	1,37	1,35	1,39

Abbildung 5:   Totale Fertilitätsrate in Deutschland 1990-2010, getrennt nach neuen (Ost) und
alten (West) Bundesländern

Quelle: Statistisches Bundesamt (2011b); eigene Berechnungen; Zahlen gerundet

Im Rahmen der Zielsetzungen des Elterngeldes wird von Anreizen zur Umsetzung
vorhandener Kinderwünsche gesprochen. Eine Analyse der Zusammensetzung der
Elternschaft soll nun beleuchten, inwieweit sich Anreizwirkungen tatsächlich feststellen lassen: Hat das Elterngeld wie geplant tatsächlich zu einer verstärkten Realisierung vorhandener Kinderwünsche geführt? Welche Anreizwirkungen lassen sich
für welche Elternteile feststellen?

4.1.2 Die Zusammensetzung der Elternschaft im Jahresvergleich

Für die Frage, ob und auf welche Gruppen sich die mit dem Elterngeld einhergehenden Anreizsetzungen ausgewirkt haben, werden nun anhand der Daten des SOEP die Zusammensetzung der Elternschaft in den zwei Jahren vor und den zwei Jahren nach dessen Einführung beleuchtet. Insbesondere Faktoren wie das Alter der Eltern, ihr Bildungsstand, ihr Einkommen, ihr Erwerbsstatus und die Anzahl der schon vorhandenen Kinder im Haushalt werden dazu herangezogen.

Mit der Einführung des Elterngeldes im Jahr 2007 hat sich das durchschnittliche Alter von Frauen und Männern bei der Geburt ihres Kindes erhöht (Siehe Abbildung Nr. 6). Während sich jedoch das durchschnittliche Alter der Frauen 2008 wieder verringert, ist die Tendenz für das mittlere Alter von Männern weiterhin steigend: sie sind in diesem Jahr bei der Geburt ihres Kindes im Durchschnitt fast 37 Jahre alt.

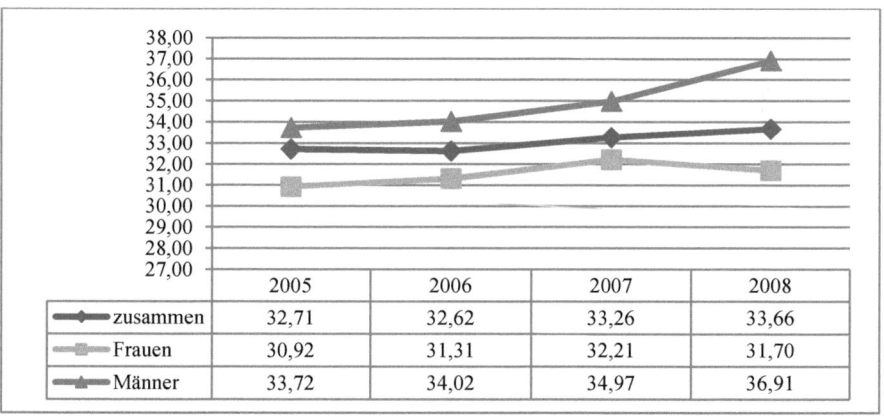

	2005	2006	2007	2008
zusammen	32,71	32,62	33,26	33,66
Frauen	30,92	31,31	32,21	31,70
Männer	33,72	34,02	34,97	36,91

Abbildung 6:   Durchschnittsalter von Frauen und Männern bei der Geburt ihrer Kinder (2005-2008)

Quelle: SOEP 26; eigene Berechnungen; Zahlen gerundet

Die Feststellung, dass Väter ihre Kinder im Durchschnitt später bekommen als Frauen (Schmitt 2003: 13, Jamieson et al. 2010: 482), bestätigt sich auch im Rahmen dieser Analyse; und das sowohl für die Zeit vor als auch nach dem Elterngeld. Innerhalb der hier untersuchten Jahre hat sich die Altersdifferenz von Frauen und Männern sogar von 2,8 Jahren in 2005 auf 5,2 Jahre in 2008 erhöht. Bei der Betrachtung der Zusammensetzung der Elternschaft nach Altersgruppen werden die Entwicklungen zeitgleich mit der Einführung des Elterngeldes noch präziser erkennbar: Der Anteil der 30-34-jährigen Eltern erfährt 2007 einen Anstieg, während der Anteil der 25-29-jährigen deutlich schwächer wird (siehe Abbildung Nr. 7). Diese Entwicklung scheint sich auf den ersten Blick lediglich auf das Jahr 2007 zu beziehen.

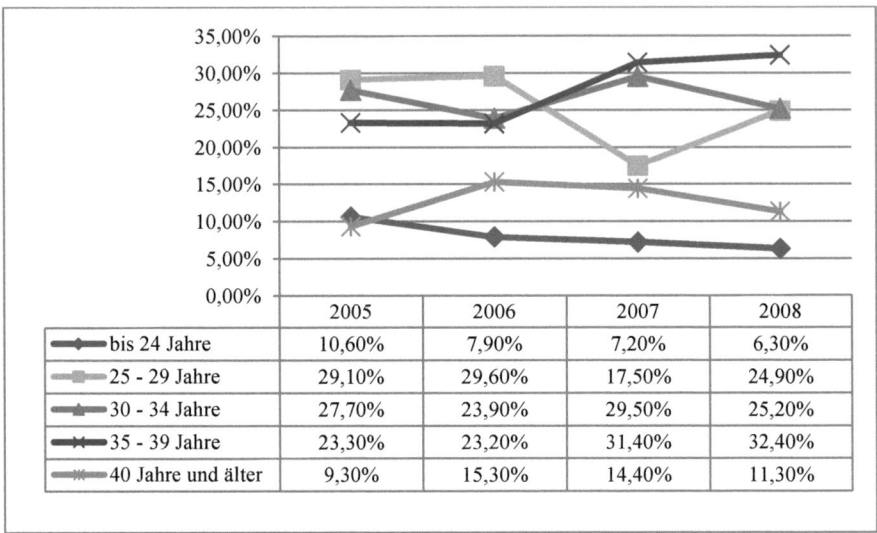

	2005	2006	2007	2008
bis 24 Jahre	10,60%	7,90%	7,20%	6,30%
25 - 29 Jahre	29,10%	29,60%	17,50%	24,90%
30 - 34 Jahre	27,70%	23,90%	29,50%	25,20%
35 - 39 Jahre	23,30%	23,20%	31,40%	32,40%
40 Jahre und älter	9,30%	15,30%	14,40%	11,30%

Abbildung 7:   Altersgruppe zum Zeitpunkt der Geburt des Kindes (alle Eltern, nach Geburtsjahr des Kindes)

Quelle: SOEP 26; eigene Berechnungen; Zahlen gerundet

Betrachtet man jedoch die Zusammensetzung der Elternschaft getrennt nach Geschlecht, so werden mit der Einführung des Elterngeldes durchaus auch längerfristige Tendenzen erkennbar (siehe Abbildung Nr. 8): Der Anteil der Väter bis 29 Jahre ist von 28 Prozent im Jahr 2006 auf 10,2 Prozent im Jahr 2008 gesunken. Insbesondere die Gruppe der 35-39-jährigen Väter erhöht sich zeitgleich mit der Einführung des Elterngeldes rapide.

In der Zusammensetzung der Gruppe der Mütter zeigen sich weniger lineare Veränderungen (Siehe Tabelle Nr. 8). So steigt der Anteil der Gruppe der 35-39-jährigen Mütter im Jahr 2007 nur kurzfristig an. Die Gruppe der 25-29-jährigen Mütter ist im Jahr 2006 mit 37 Prozent besonders hoch, um dann im Jahr 2007 auf unter 15 Prozent abzufallen. Im Gegensatz dazu steigt der Anteil der 30-34-jährigen nach einem Tief im Jahr 2006 im darauf folgenden Jahr wieder stark an, und das mit fortlaufender Tendenz bis ins Jahr 2008 hinein.

Mit der Einführung des Elterngeldes im Jahr 2007 lässt sich eine Erhöhung des Durchschnittsalters sowohl von Frauen als auch von Männern bei der Geburt eines Kindes erkennen, wobei diese bei den Männern noch deutlicher ausfällt. Dies ist möglicherweise ein Indiz dafür, dass insbesondere mehr ältere als jüngere Männer vorhandene Kinderwünsche realisiert haben und deutet damit zugleich auf bessere Bedingungen zur Realisierung von Elternschaftswünschen für Ältere sowie auf eine Verschiebung des Kinderwunsches auf einen späteren Zeitpunkt für Jüngere hin.

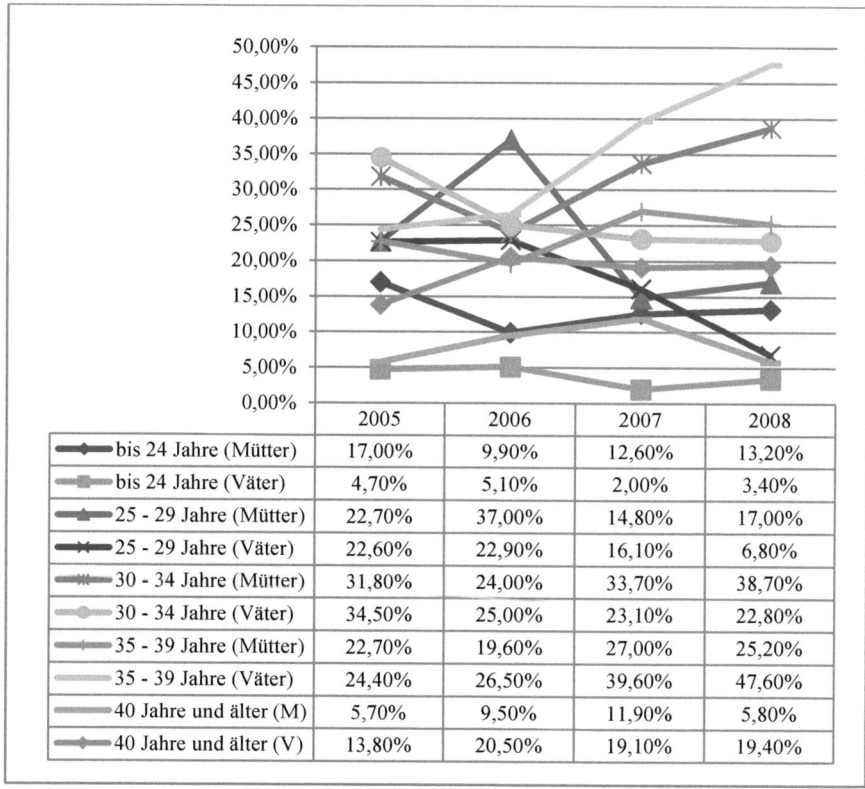

	2005	2006	2007	2008
bis 24 Jahre (Mütter)	17,00%	9,90%	12,60%	13,20%
bis 24 Jahre (Väter)	4,70%	5,10%	2,00%	3,40%
25 - 29 Jahre (Mütter)	22,70%	37,00%	14,80%	17,00%
25 - 29 Jahre (Väter)	22,60%	22,90%	16,10%	6,80%
30 - 34 Jahre (Mütter)	31,80%	24,00%	33,70%	38,70%
30 - 34 Jahre (Väter)	34,50%	25,00%	23,10%	22,80%
35 - 39 Jahre (Mütter)	22,70%	19,60%	27,00%	25,20%
35 - 39 Jahre (Väter)	24,40%	26,50%	39,60%	47,60%
40 Jahre und älter (M)	5,70%	9,50%	11,90%	5,80%
40 Jahre und älter (V)	13,80%	20,50%	19,10%	19,40%

Abbildung 8:   Altersgruppe zum Zeitpunkt der Geburt des Kindes (alle Eltern, nach Geburtsjahr des Kindes, getrennt nach Müttern und Vätern)

Quelle: SOEP 26; eigene Berechnungen; Zahlen gerundet

Inwieweit diese Tendenzen in einem Zusammenhang mit den monetären Leistungen des Elterngeldes stehen, kann am besten unter Hinzunahme der Faktoren Erwerbstatus und Einkommen untersucht werden.

Vor der Betrachtung dieser beiden Faktoren lohnt sich noch ein zusätzlicher Blick auf die Zusammensetzung der Elternschaft in Bezug auf das Bildungsniveau im Jahresvergleich. Hier zeigt sich mit der Einführung des Elterngeldes eine deutliche Tendenz: Ein höherer Anteil der Eltern als vorher hat Abitur, und das mit steigender Tendenz bis ins Jahr 2008 (siehe Abbildung Nr. 9).

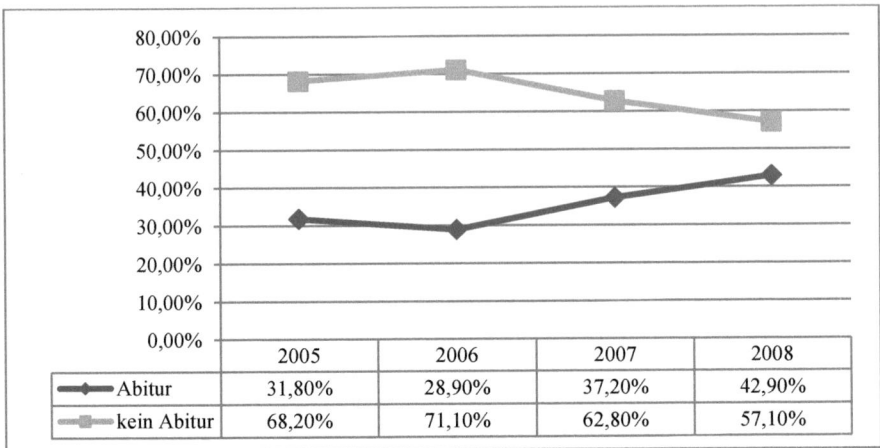

Abbildung 9:   Zusammensetzung der Elternschaft nach Bildungslevel (Abitur) im
                      Jahresvergleich (2005-2008)

Quelle: SOEP 26; eigene Berechnungen; Zahlen gerundet

Betrachtet man diese Entwicklungen getrennt nach Geschlecht, so wird deutlich,
dass sie bei Frauen noch stärker ausgeprägt sind als bei Männern (siehe Abbildung
Nr. 10).

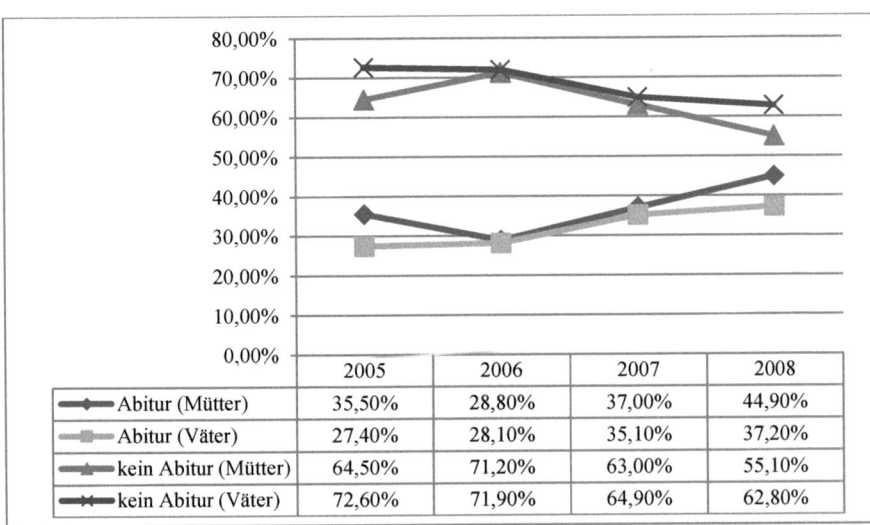

Abbildung 10:   Zusammensetzung der Elternschaft nach Bildungslevel (Abitur) im
                      Jahresvergleich (2005-2008), getrennt nach Geschlecht

Quelle: SOEP 26; eigene Berechnungen; Zahlen gerundet

Die bisherigen Beobachtungen lassen sich wie folgt zusammenfassen: Mit der Einführung des Elterngeldes sind Eltern im Durchschnitt erstens älter und besitzen
zweitens ein durchschnittlich höheres Bildungsniveau. Während sich die Veränderung der Altersstruktur der Elternschaft in Deutschland insbesondere bei den Vätern
abzeichnet, findet eine Erhöhung des Anteils der Elternteile innerhalb eines Geburtenjahrgangs mit Abitur vor allem bei den Müttern statt.

Im Zusammenhang mit der zeitgleich mit der Einführung des Elterngeldes
stattfindenden Vergrößerung des Anteils älterer Väter ist zu erwarten, dass sich
2007 und 2008 mehr Väter in den höheren Einkommensgruppen finden.

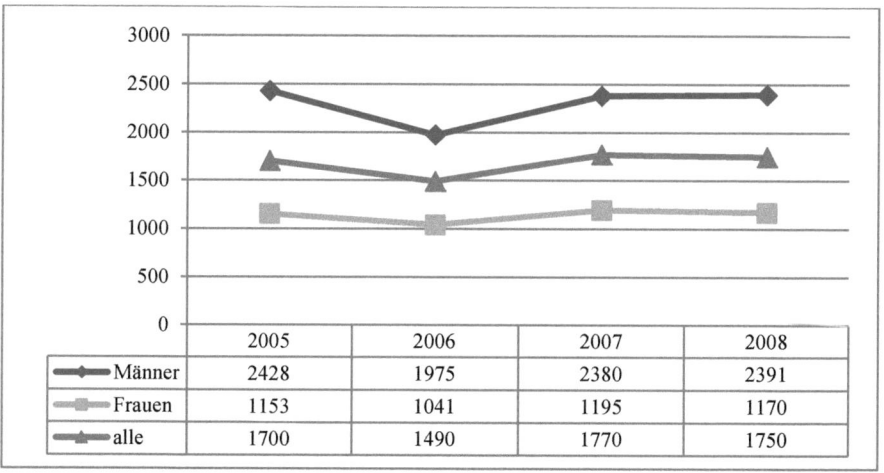

	2005	2006	2007	2008
Männer	2428	1975	2380	2391
Frauen	1153	1041	1195	1170
alle	1700	1490	1770	1750

Abbildung 11:   Mittleres Bruttoeinkommen im Jahr vor der Geburt des Kindes (alle Eltern sowie
                   Eltern getrennt nach Geschlecht, nach Geburtsjahr des Kindes, in Euro)
Quelle: SOEP 26; eigene Berechnungen; Zahlen gerundet

Tatsächlich hat sich mit der Einführung des Elterngeldes das mittlere Einkommen
der Eltern eines Geburtsjahrgangs erhöht. Das zeigt sich bei Männern etwas ausge-
prägter als bei Frauen. Schaut man sich die Unterschiede in den neuen und den alten
Bundesländern an, so scheint sich diese Veränderung einerseits daraus zu ergeben,
dass das mittlere Einkommen der Eltern aus 2006 besonders niedrig war; zum anderen allerdings auch daran, dass sich mit der Einführung des Elterngeldes insbesondere die Zusammensetzung der Eltern in Ostdeutschland verändert hat (siehe Abbildung Nr. 12).

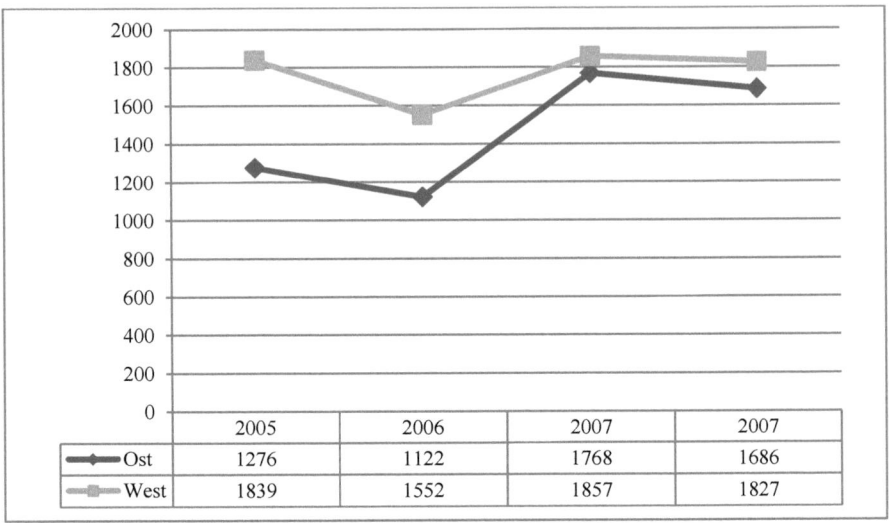

	2005	2006	2007	2007
Ost	1276	1122	1768	1686
West	1839	1552	1857	1827

Abbildung 12:   Mittlere Bruttoeinkommen im Jahr vor der Geburt des Kindes (alle Eltern, nach
                    Geburtsjahr des Kindes, getrennt nach Ost und West, in Euro)
Quelle: SOEP 26; eigene Berechnungen; Zahlen gerundet

Im Rahmen einer Betrachtung der Bruttoeinkommen in fünf Kategorien (Abbildung Nr. 13) kann man erkennen, dass die Veränderungen sich insbesondere auf drei der Einkommensgruppen zurückführen lassen: die niedrigste, die mittlere und die höchste.

Eine Interpretation dieser Feststellungen ist schwierig. Mit den Anreizsetzungen ging das Ziel einher, dass insbesondere Männern und Frauen aus höheren Einkommensgruppen die Entscheidung für ein Kind erleichtert wird. Diesbezüglich lässt sich zwar tatsächlich erkennen, dass weniger Eltern aus der niedrigsten Einkommensgruppe stammen und mehr Eltern aus der höchsten Einkommensgruppe; eine direkte tendenzielle Anreizwirkung ist jedoch – wie sich mit der Entwicklung des Anteils der mittleren Einkommensgruppe zeigt – nicht festzustellen. Bei der Betrachtung der Bruttoeinkommensgruppen fällt allerdings auf, dass hier im Jahresvergleich von 2006 und 2007 deutliche Verschiebungen zu erkennen sind. Möglicherweise beeinflussen die Anreizsetzungen des Elterngeldes die Elternschaftsplanungen nicht nur für 2007, sondern auch schon davor. Diejenigen, die vom *Elterngeld* zu profitieren hofften, verschoben möglicherweise ihre Kinderwünsche auf einen Zeitpunkt nach der Einführung des Elterngeldes und diejenigen, die eher vom *Erziehungs*geld profitieren konnten, zogen ihre Kinderwünsche vor. Die besonders niedrigen Geburtenzahlen im Jahr 2006 deuten insbesondere auf die erste der beiden Interpretationen der Entwicklungen hin.

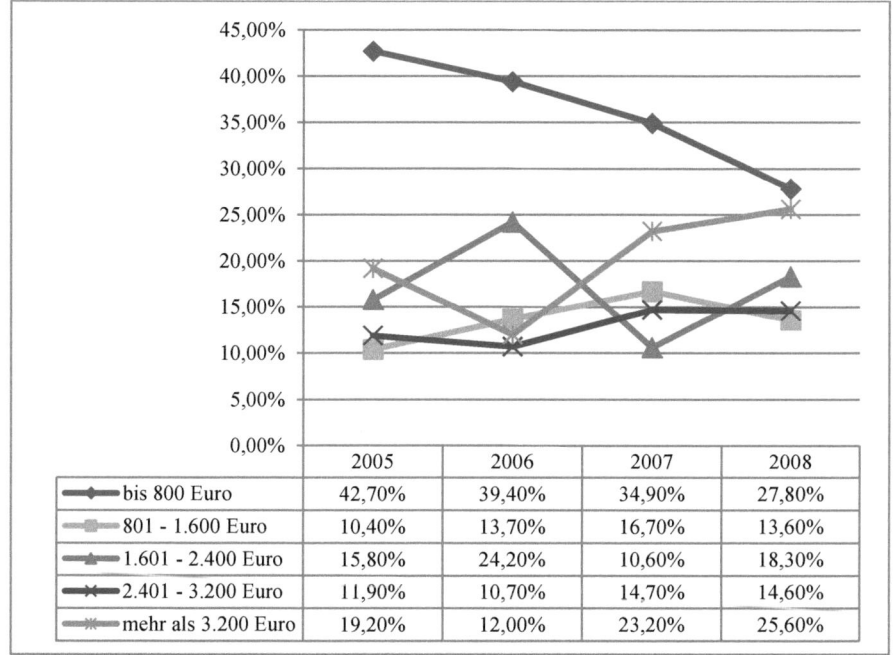

	2005	2006	2007	2008
bis 800 Euro	42,70%	39,40%	34,90%	27,80%
801 - 1.600 Euro	10,40%	13,70%	16,70%	13,60%
1.601 - 2.400 Euro	15,80%	24,20%	10,60%	18,30%
2.401 - 3.200 Euro	11,90%	10,70%	14,70%	14,60%
mehr als 3.200 Euro	19,20%	12,00%	23,20%	25,60%

Abbildung 13:   Bruttoeinkommen im Jahr vor der Geburt des Kindes (alle Eltern, nach Geburtsjahr des Kindes, in Euro)

Quelle: SOEP 26; eigene Berechnungen; Zahlen gerundet

Inwieweit zeigt sich in der Zusammensetzung der Elternschaft ein Unterschied durch die Einführung des Elterngeldes in Bezug auf das Empfinden finanzieller Sorgen? Ist hier eine Beeinflussung geplanter Elternschaften erkennbar?

Insgesamt empfinden von den Eltern, die in den zwei Jahren vor Einführung des Elterngeldes ein Kind bekommen haben, ein etwas größerer Anteil finanzielle Sorgen als diejenigen, deren Kind erst nach Einführung des Elterngeldes zur Welt kam (siehe Abbildung 14). Das lässt sich leicht damit erklären, dass sich mit Einführung des Elterngeldes auch der Anteil an Besserverdienenden erhöht hat. Ein Unterschied ist hier allerdings im Vergleich der neuen mit den alten Bundesländern zu erkennen: Insbesondere in Ostdeutschland haben weniger Eltern mit finanziellen Sorgen und mehr Eltern ohne allzu große finanzielle Sorgen ein Kind bekommen, und das, obwohl sich die mittleren Bruttoeinkommen im Vergleich der neuen mit den alten Bundesländern innerhalb des Samples als nahezu gleich hoch erweisen (vergleiche hierzu Abbildung Nr. 12)

Zur Erklärung dieser Unterschiede können hier nur Vermutungen angestellt werden: Möglicherweise hat die Einführung des Elterngeldes in den neuen Bundesländern zu einer Verwirklichung aufgeschobener Kinderwünsche in den höheren

Einkommensgruppen geführt; dafür sprechen die allgemein gestiegenen Geburtenzahlen in 2007 und 2008. Zusammen mit der Betrachtung der mittleren Bruttoeinkommen zeigt sich hier, dass sich eine Erleichterung der Entscheidung zur Elternschaft für höhere Einkommensgruppen insbesondere für die neuen Bundesländer mit
der Einführung des Elterngeldes in den ersten zwei Jahren danach bestätigen lässt.
Eine derartige Entwicklung muss im Rahmen dieser Darstellung jedoch auch hier
erneut die andere Seite der Medaille berücksichtigen: während sich die Anreize vermutlich positiv auf die höheren Einkommensgruppen auswirken, bestehen gleichzeitig Negativanreize für die niedrigste Einkommensgruppe, da für sie der „Kostenfak-
tor Kind" mit dem Elterngeld schwerer zu tragen ist. Das Ziel einer Umkehr des
Geburtenrückgangs hätte mit auch auf Geringverdiener besser angepassten Unter-
stützungsleistungen möglicherweise eher erreicht werden können.

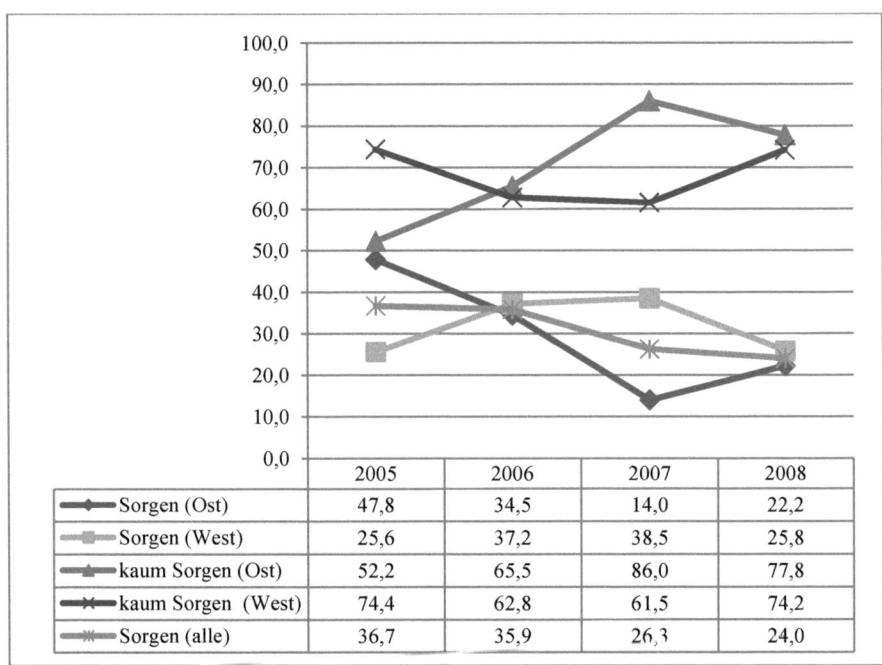

	2005	2006	2007	2008
Sorgen (Ost)	47,8	34,5	14,0	22,2
Sorgen (West)	25,6	37,2	38,5	25,8
kaum Sorgen (Ost)	52,2	65,5	86,0	77,8
kaum Sorgen (West)	74,4	62,8	61,5	74,2
Sorgen (alle)	36,7	35,9	26,3	24,0

Abbildung 14:   Finanzielle Sorgen im Jahr vor der Geburt des Kindes (alle Eltern, nach
                    Geburtsjahr des Kindes, getrennt nach neuen und alten Bundesländern)

Quelle: SOEP 26; eigene Berechnungen; Zahlen gerundet

Neben der finanziellen Situation der Eltern, die in den Jahren 2005 bis 2008 ein Kind
bekommen haben, ist auch der Erwerbsstatus der Mütter und Väter für die Analyse
der Wirkungen des Elterngeldes von besonderem Interesse. Denn mit der Einführung

des Elterngeldes war das Ziel verbunden, insbesondere Erwerbstätigen die Entscheidung für ein Kind zu erleichtern.

Bei der Betrachtung des Erwerbsstatus zeigen sich keine mit der Einführung des Elterngeldes einhergehenden deutlichen Tendenzen (siehe Abbildung Nr. 15). Der Anteil der vor der Geburt des Kindes berufstätigen Mütter hat sich zwar im Jahr 2007 gegenüber dem Jahr 2005 deutlich vergrößert; allerdings war dieser Trend schon 2006 eingeleitet und ist – soweit die Betrachtung der hier vorliegenden vier Jahre einen solchen Schluss zulässt – 2008 schon wieder rückläufig. Die Entwicklungen bei den Vätern sind im Zusammenhang mit der Einführung des Elterngeldes schwierig zu deuten; allerdings ist bemerkenswert, dass im Jahr 2008 der Anteil der nicht erwerbstätigen Väter auf unter sieben Prozent gesunken ist.

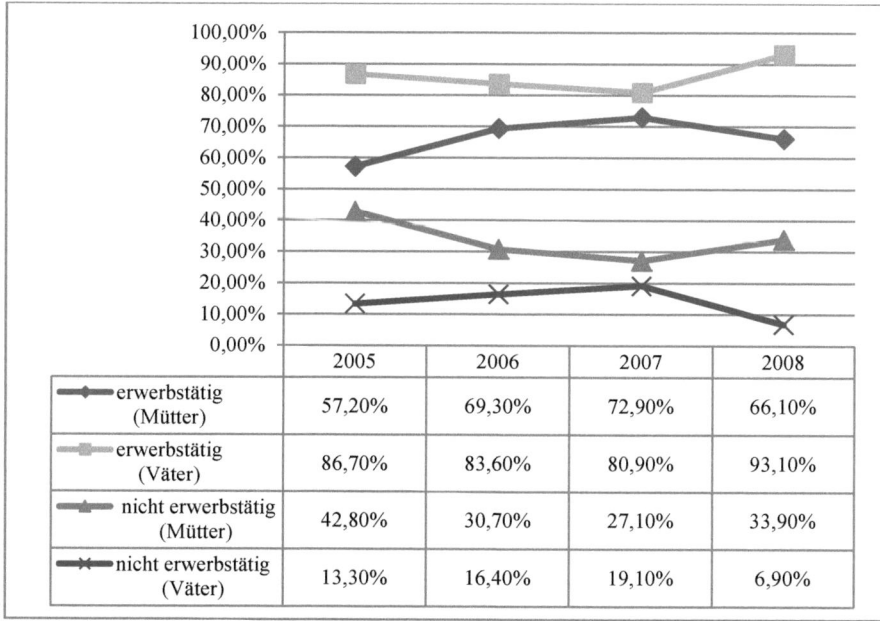

	2005	2006	2007	2008
erwerbstätig (Mütter)	57,20%	69,30%	72,90%	66,10%
erwerbstätig (Väter)	86,70%	83,60%	80,90%	93,10%
nicht erwerbstätig (Mütter)	42,80%	30,70%	27,10%	33,90%
nicht erwerbstätig (Väter)	13,30%	16,40%	19,10%	6,90%

Abbildung 15:   Erwerbsstatus im Jahr vor der Geburt des Kindes (alle Eltern, im Jahresvergleich, getrennt nach Müttern und Vätern)

Quelle: SOEP 26; eigene Berechnungen; Zahlen gerundet

Als letzter Faktor auf der Suche nach den Veränderungen, die mit der Einführung des Elterngeldes einhergehen, wird die Größe der Familie untersucht: Haben sich mehr Eltern für ein erstes Kind entscheiden können und lässt sich ein Einfluss des Elterngeldes auf Familienerweiterungen erkennen?

Auch im Rahmen der Betrachtung der Familiengröße zeigen sich auf den ersten Blick keine deutlichen Entwicklungen, die mit der Einführung des Elterngeldes im Zusammenhang stehen könnten (siehe Abbildung Nr. 16). Tendenziell haben sich von den untersuchten Eltern sowohl 2006 als auch 2007 mehr als vorher für ein erstes Kind entschieden. Ein deutlicher Trend zeigt sich im Übergang zum dritten Kind: der Anteil der Eltern, die ein drittes Kind bekamen, stieg von etwa acht Prozent auf mehr als zwanzig Prozent.

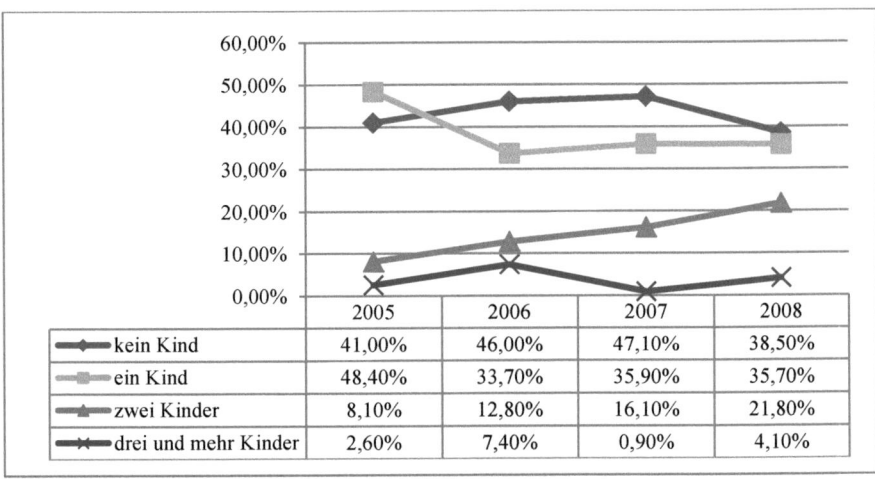

	2005	2006	2007	2008
kein Kind	41,00%	46,00%	47,10%	38,50%
ein Kind	48,40%	33,70%	35,90%	35,70%
zwei Kinder	8,10%	12,80%	16,10%	21,80%
drei und mehr Kinder	2,60%	7,40%	0,90%	4,10%

Abbildung 16:   Anzahl der Kinder im Haushalt vor der Geburt des Kindes (alle Eltern, im Jahresvergleich)

Quelle: SOEP 26; eigene Berechnungen; Zahlen gerundet

Eine differenziertere Betrachtung der Entwicklungen wird in der Aufteilung nach neuen und alten Bundesländern deutlich (siehe Abbildung Nr. 17): Ein wesentlich höherer Anteil der ostdeutschen Eltern aus 2007 bekam ein erstes Kind; 2006 dagegen bekam der größere Anteil der Eltern ein zweites Kind. Diese deutlichen Verschiebungen im Jahreswechsel von 2006 zu 2007 legen die Vermutung nahe, dass die Familienplanung in den neuen Bundesländern durch die Einführung des Elterngeldes beeinflusst wurde: Viele Paare ohne Kinder haben möglicherweise ihre Kinderwünsche auf das Jahr 2007 verschoben.

     Im Rahmen dieser Analyse deuten sich einschlägige Unterschiede zwischen den neuen und den alten Bundesländern an. Die Gegenüberstellung der Mittelwerte im Rahmen eines Gruppenvergleiches (ANOVA) soll diese Unterschiede nochmals verdeutlichen (siehe Tabelle Nr. 3).

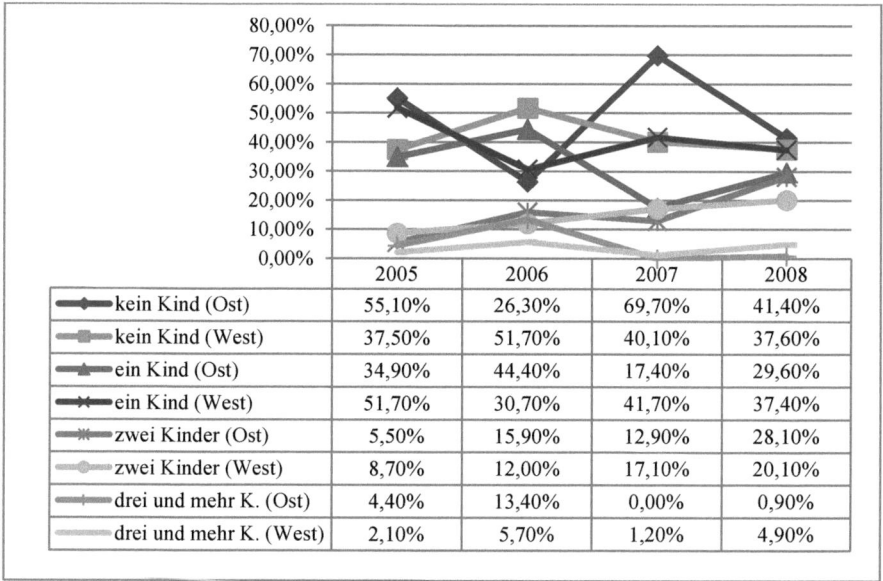

	2005	2006	2007	2008
◆ kein Kind (Ost)	55,10%	26,30%	69,70%	41,40%
■ kein Kind (West)	37,50%	51,70%	40,10%	37,60%
▲ ein Kind (Ost)	34,90%	44,40%	17,40%	29,60%
✕ ein Kind (West)	51,70%	30,70%	41,70%	37,40%
✴ zwei Kinder (Ost)	5,50%	15,90%	12,90%	28,10%
● zwei Kinder (West)	8,70%	12,00%	17,10%	20,10%
┼ drei und mehr K. (Ost)	4,40%	13,40%	0,00%	0,90%
─ drei und mehr K. (West)	2,10%	5,70%	1,20%	4,90%

Abbildung 17:   Anzahl der Kinder im Haushalt vor der Geburt des Kindes (alle Eltern, im
Jahresvergleich, getrennt nach neuen und alten Bundesländern)

Datenquelle: SOEP 26; eigene Berechnungen; Zahlen gerundet

	Alter	Signifikanz[83]	Brutto-einkommen	Signifikanz
Ost (2005)	31,35		1.276	
West (2005)	33,08	0,000	1.839	0,000
Ost (2006)	30,98		1.122	
West (2006)	32,42	0,004	1.552	0,000
Ost (2007)	32,03		1.768	
West (2007)	33,61	0,000	1.857	0,473
Ost (2008)	30,83		1.686	
West (2008)	34,28	0,000	1.827	0,201

Tabelle 3:   Mittelwertvergleich (ANOVA) der ostdeutschen und westdeutschen Elternschaft zu
Alter und Bruttoeinkommen (alle Eltern)[84]

Quelle: SOEP 26; eigene Berechnungen; Zahlen gerundet

---

83 Die Prüfung der Signifikanz innerhalb der ANOVA wird anhand eines F-Testes vorgenommen.
84 Die vollständigen Angaben zu den Mittelwertvergleichen befindet sich im Anhang

Eltern mit einem zwischen 2005 und 2008 geborenen Kind sind in den neuen Bundesländern im Durchschnitt etwas jünger als diejenigen in den alten Bundesländern. Der mittlere Bruttoverdienst westdeutscher Eltern ist im Schnitt höher: Während die durchschnittliche Einkommensdifferenz in den Jahren vor der Einführung des Elterngeldes bis zu 560,- Euro betrug (im Jahr 2005; im Jahr 2006 waren es 430,- Euro) und hoch signifikant war, ist ein solch hoher und signifikanter Unterschied für 2007 und 2008 jedoch nicht mehr festzustellen.

Hier zeigt sich möglicherweise ein interessanter Effekt, der sich aus unterschiedlichen Anreizwirkungen des Elterngeldes in den neuen und den alten Bundesländern ergibt: Insbesondere in Ostdeutschland haben in den beiden Jahren nach der Einführung des Elterngeldes mehr Männer und Frauen mit höheren Einkommen als in den beiden Jahren davor ein Kind bekommen. Die gezielt gesetzten Anreize ein und desselben familienpolitischen Instrumentes zeigen hier unterschiedlich ausgeprägte Veränderungswirkungen in Ost und West.

4.1.3 Zusammenfassung und Fazit Demografie

Wie anhand der Daten des Statistischen Bundesamtes gut nachvollzogen werden konnte, ist zusammen mit der Einführung des Elterngeldes bis 2010 keine Umkehr des Geburtenrückgangs in Deutschland festzustellen. Die Geburtenzahlen aus den Jahren 2006 und 2007 deuten jedoch auf einen *kurzfristigen Effekt* auf die Geburtenentwicklung hin, der mit der Einführung der neuen Leistungen für Eltern einhergeht. Nicht deutlich wird im Rahmen dieser Analyse, ob die besonders niedrigen Geburtenzahlen und die niedrigen totalen Fertilitätsraten im Jahr 2006 sich aus aufgeschobenen Kinderwünschen ergeben oder ob diese Teil eines Abwärtstrends waren, der mit der Einführung des Elterngeldes gestoppt werden konnte. Allerdings verweist die große Differenz der Geburtenzahlen zwischen 2006 und 2007 darauf, dass viele der Elternschaften im Rahmen von Entscheidungen entstanden sind. Anreizsetzungen können somit hier wirksam geworden sein, und zwar sowohl in Form positiver als auch negativer Anreize.

Die Analyse der Elternschaften aus den vier Jahren anhand der Daten des SOEP sollte die Frage der Anreizwirkungen etwas präziser beleuchten. Es wurde festgestellt, dass zeitgleich mit der Einführung des Elterngeldes sich sowohl das durchschnittliche Alter der Eltern mit in 2007 und 2008 geborenen Kindern als auch der Bildungsstand erhöht hat. Dass sich nach 2007 im Schnitt eher ältere Eltern für ein Kind entschieden haben, kann zweierlei bedeuten: Es könnten sich entweder besonders viele Männer und Frauen für die (späte) Umsetzung ihrer Kinderwünsche entschieden haben oder jüngere Frauen und Männer könnten ihre Kinderwünsche auf einen späteren Zeitpunkt verschoben haben. Aufgrund der im Jahr 2007 besonders hohen Geburtenzahlen bietet sich die erste der beiden Interpretationen eher an. Für die Deutung des gestiegenen mittleren Bildungslevels unter den Eltern eines Jahrganges sowohl in 2007 als auch weiter fortlaufend in 2008 ist man an dieser Stelle auf Vermutungen angewiesen. Hier zeigt sich möglicherweise jedoch tatsächlich der gewünschte Effekt des Elterngeldes, dass sich auch Personen mit höheren

Einkommen aufgrund des einkommensabhängig berechneten Elterngeldes leichter für ein Kind entscheiden können.

In der Untersuchung der mittleren Bruttoeinkommen der vier Eltern-Jahrgänge zeigt sich ein überraschendes Ergebnis: Insbesondere in den neuen deutschen Bundesländern hat sich die Zusammensetzung der Eltern in Bezug auf die Einkommensstruktur verändert. Sie haben vor der Geburt eines Kindes, das 2007 oder 2008 auf die Welt kam, im Schnitt ein wesentlich höheres Einkommen als diejenigen mit in 2005 und 2006 geborenen Kindern. Wie auch schon oben im Rahmen der Unterschiede des durchschnittlichen Alters dargestellt, können diese Entwicklungen darin begründet sein, dass sich aufgrund der Einführung des Elterngeldes mehr Personen aus den höheren Einkommensgruppen für ein Kind entschieden haben, oder auch darin, dass Eltern aus den niedrigeren Einkommensgruppen ihre Kinderwünsche zu einem geringeren Umfang verwirklicht haben. Interessant ist in diesem Zusammenhang, dass diese Effekte allein für Ostdeutschland festzustellen sind. Will man die unterschiedliche Einkommensstruktur der Gruppe der Eltern nach 2007 als Folge der mit dem Elterngeld gezielt gesetzten Anreize für höhere Einkommensgruppen deuten, so ist hier eine unterschiedliche Wirkung eines Familieninstrumentes getrennt nach Ost und West festzustellen. Eindeutige Tendenzen lassen sich allerdings in Bezug auf die durchschnittlichen Einkommen einer Eltern-Kohorte nicht erkennen. Möglicherweise hat 2006 die Ankündigung der Einführung des Elterngeldes im darauf folgenden Jahr auch zu einem „Mitnahme-Effekt" bei den niedrigen, eher vom *Erziehungsgeld* profitierenden Einkommensgruppen geführt.

Das Elterngeld ist nicht ohne Wirkung auf die Entscheidungen zur Elternschaft geblieben. Insbesondere in den neuen Bundesländern sind deutliche Veränderungen festzustellen. Diese zeigen sich nicht nur im durchschnittlichen Bruttoeinkommen, sondern auch in anderen Faktoren: so entschieden sich 2007 zum einen in Ostdeutschland besonders viele der Eltern für ein erstes Kind und zum anderen erreichte das durchschnittliche Alter von Müttern und Vätern bei der Geburt eines Kindes mit circa 32 Jahren seinen Höhepunkt. Es lassen sich für beide Teile Deutschlands sowohl kurzfristige als auch längerfristige Tendenzen mit der Einführung des Elterngeldes erkennen. Eltern sind im Durchschnitt älter, gebildeter und einkommensstärker geworden. Diese Tendenzen setzen sich möglicherweise fort. Nur kurzfristig hat dagegen eine vermutliche Verwirklichung aufgeschobener Kinderwünsche 2007 zu einem verstärkten Anteil von Erstelternschaften in Ostdeutschland geführt.

Die mit dem Elterngeld einhergehenden Anreize haben somit vermutlich tatsächlich die Entscheidungen von Eltern in einem gewissen Umfang geprägt. Dies geschah jedoch je nach Lebenssituation und Wohnort sehr unterschiedlich. Betrachtet man allein das Ziel der Umkehr des Geburtenrückgangs, so muss im Rahmen dieser Analyse konstatiert werden, dass sich die dem Elterngeld inhärenten Anreize – einhergehend zum einen mit einer Verwirklichung von Kinderwünschen bei finanziell besser Gestellten und zum anderen mit dem Aufschieben von Kinderwünschen auf einen späteren Zeitpunkt bei Jüngeren – vermutlich sowohl positiv als auch negativ auf die Geburtenentwicklung in Deutschland ausgewirkt haben könnten und das Ziel einer Erhöhung der Geburtenrate damit möglicherweise zum Teil verfehlt wurde.

4.2 Ergebnisse Väterbeteiligung

Mit dem Elterngeld als einkommensabhängig gezahlter Leistung und den Vätermonaten als exklusiver Leistung für Väter sollen bislang bestehende normative Rollenbilder mit gegenderten Zuständigkeiten für Kinderbetreuung aufgebrochen werden. Das Elterngeld bezieht sich dabei mit seinem Leistungszeitraum kurz nach der Geburt eines Kindes genau auf *den* Punkt, der sich als Wendepunkt in Bezug auf eine Retraditionalisierung der Arbeitsteilung erwiesen hat. Inwieweit diese „lohnende Strategie" (Ehnis 2009) tatsächlich den erhofften Effekt einer Mehrbeteiligung von Vätern bewirkt hat, soll nun für die ersten zwei Jahre nach der Einführung des Elterngeldes untersucht werden.

Bislang wurde der Erfolg des Elterngeldes in Bezug auf Väterbeteiligung in Deutschland allein an der Nutzung der Elternzeiten gemessen. Hier standen die Fragen im Vordergrund, wie viel und wann die Väter Elterngeld für sich beansprucht haben. Inwieweit jedoch genutzte Elternzeiten tatsächlich gleichzeitig eine Mehrbeteiligung an der Kinderbetreuung bedeuten, ist nicht klar. In dieser Analyse soll daher nicht die genommene Elternzeit, sondern die geleistete Betreuungszeit als Indikator für väterliches Engagement dienen. Dafür wird auf die Angaben zur Betreuungszeit von Vätern für ihre Kinder im SOEP zurückgegriffen. Da das *alltägliche* Engagement gemessen werden soll und nicht die am Wochenende von so genannten „Wochenendvätern" mit ihren Kindern verbrachten Zeiten, werden ausschließlich die Daten zur durchschnittlichen Kinderbetreuung an Werktagen verwendet. Die Nutzung dieser Angaben ist nicht unproblematisch: Zum einen können Verzerrungen bezüglich der Selbsteinschätzung auftreten[85], zum anderen ist eine Angabe der täglichen Betreuungsstunden zwischen 0 und 24 Stunden möglich, wodurch im Rahmen einer Betrachtungsweise eines Zeitbudgets von höchstens 24 Stunden für sämtliche Tätigkeiten problematische Größen entstehen können. Im Rahmen dieser Analyse sind die beiden genannten Einwände jedoch weniger von Bedeutung, da die Untersuchung erstens nicht die Beteiligung der Geschlechter vergleicht und zweitens die Relationalität der Angaben von Vätern zu Betreuungszeiten auch mit den unrealistisch hohen Angaben bis zu 24 Stunden prinzipiell erhalten bleibt[86].

---

85 Geist (2010) liefert zum Beispiel interessante Ergebnisse bezüglich unterschiedlicher Einschätzungen des zeitlichen Engagements von Frauen und Männern in Partnerhaushalten und berichtet über geschlechtstypische Unterschiede in der Einschätzung des zeitlichen Volumens häuslicher Arbeiten.

86 Im Rahmen dieser Untersuchung wurde überprüft, inwieweit sich die Ergebnisse ändern, wenn Werte von über 12 Stunden pro Tag auf 12 Stunden umkodiert wurden. Es ergaben sich dabei kaum Veränderungen, da der Wert „24" sehr selten gewählt wurde. Es wurde daher auf eine Bearbeitung der Daten verzichtet. Letztendlich wäre es allerdings zu begrüßen, wenn genauere Daten zur Zeitverwendung zur Verfügung stünden. Diese sollten nicht nur in 10-Jahres-Abständen gemessen werden wie in den Zeitbudgeterhebungen des Statistischen Bundesamtes oder im

4.2.1 Väterbeteiligung an der Kinderbetreuung im Jahresvergleich

Die Angaben bezüglich der täglichen Betreuungsstunden für ein oder mehrere Kinder im Haushalt von Väter aus den Jahren 2005 bis 2008 sollen nun Licht auf die Frage werfen, ob sich in den nach Geburtsjahr des Kindes getrennten Vätergruppen mit Einführung des Elterngeldes das Maß väterlicher Betreuungszeit verändert hat.

Durchschnittlich bringen Väter nach eigener Einschätzung in den Jahren 2005 bis 2008 circa zwei bis vier Stunden pro Tag für die Betreuung ihrer Kinder auf (siehe Tabelle Nr. 4).

	Mittelwert Väter-beteiligung	N (gewichtet, in Tausend)	Standard-abweichung	Minimum	Maximum
2005	2,97	698	2,79	0,00	24,00
2006	3,81	535	4,76	0,00	24,00
2007	2,16	495	2,28	0,00	12,00
2008	2,74	734	2,75	0,00	14,00

Tabelle 4:   Mittlerer Zeitaufwand für Kinderbetreuung von Vätern 2005 bis 2008

Quelle: SOEP 26; eigene Berechnungen; Zahlen gerundet

Die außerordentlich hohe Standardabweichung sowie Angaben im Bereich zwischen 0 bis 24 Stunden verweisen allerdings auf weitreichende Unterschiede zwischen den Vätern: Manche engagieren sich nach eigener Einschätzung rund um die Uhr, andere sind in der Woche (oder auch darüber hinaus) *gar nicht* für die Betreuung ihrer Kinder zuständig.

Betrachtet man die Entwicklungen, wie sie in Abbildung Nr. 18 deutlich werden, so zeigt sich kein mit der Einführung des Elterngeldes einhergehender positiver Zusammenhang im Sinne einer aktiveren Beteiligung von Vätern im Betreuungsalltag ihrer Kinder.

Rahmen der Multinational Time Use Study (MTUS), sondern auch in Panelstudien mit kürzeren, am besten jährlichen, Abständen erhoben werden.

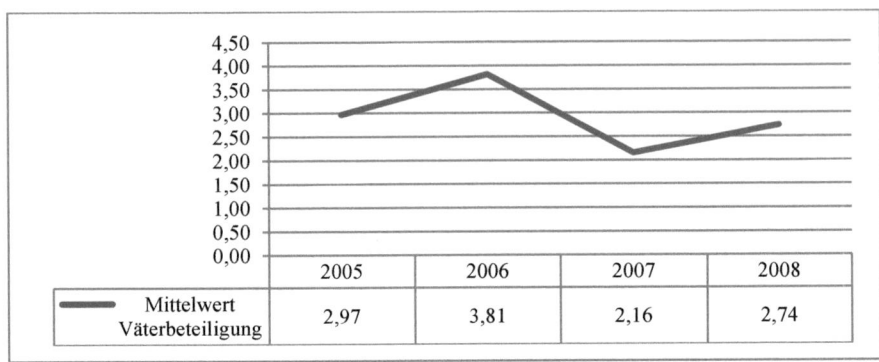

Abbildung 18:   Mittlerer Zeitaufwand für Kinderbetreuung von Vätern 2005 bis 2008

Quelle: SOEP 26; eigene Berechnungen; Zahlen gerundet

Im Gegenteil: Nach der Einführung des Elterngeldes ist die durchschnittliche Väterbeteiligung von fast vier Stunden pro Tag im Jahr 2006 auf etwas über zwei Stunden
pro Tag im Jahr 2007 gesunken. Schaut man sich die Entwicklungen getrennt nach
den alten und den neuen Bundesländern an, so erkennt man diese Tendenz sowohl
für Ost- als auch für Westdeutschland (siehe Abbildung Nr. 19). Zusätzlich wird hier
ein signifikanter Unterschied in den Mittelwerten der Betreuungszeiten für eigene
Kinder vor der Einführung des Elterngeldes deutlich: Ostdeutsche Väter haben 2005
und 2006 mehr Zeit in Kinderbetreuung investiert als westdeutsche Väter. Diese
Differenz, die im Jahr 2006 fast eine Stunde betrug, scheint sich danach – zumindest
für die hier untersuchten Jahre 2007 und 2008 – fortlaufend aufzulösen (siehe hierzu
auch Tabelle Nr. 5).

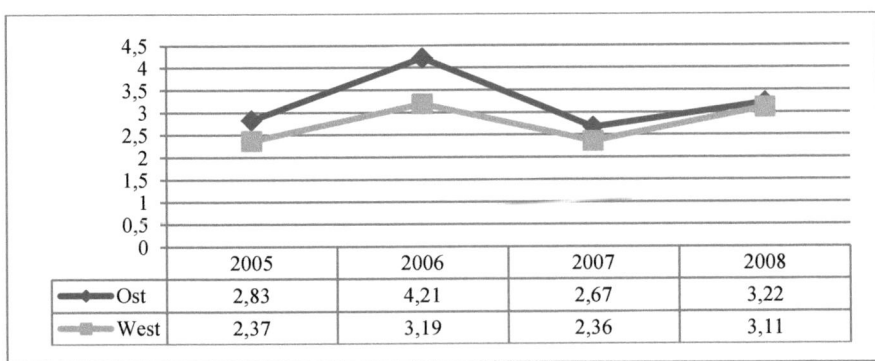

Abbildung 19:   Mittlerer Zeitaufwand für Kinderbetreuung von Vätern 2005 bis 2008 (getrennt
                          nach neuen und alten Bundesländern)

Quelle: SOEP 26; eigene Berechnungen; Zahlen gerundet

ANOVA	Mittelwert Väterbe-teiligung	Signi-fikanz	Standard-abwei-chung	Standard-fehler	Mini-mum	Maxi-mum	N (gewich-tet, in Tausend)
Ost (2005)	2,83	0,032	2,63	0,22	0	14	144
West (2005)	2,37		2,16	0,1	0	24	488
Ost (2006)	4,21	0,038	6,33	0,61	0	24	107
West (2006)	3,19		4,17	0,19	0	24	503
Ost (2007)	2,67	0,261	2,56	0,23	0	10	128
West (2007)	2,36		2,75	0,14	0	24	407
Ost (2008)	3,22	0,737	2,67	0,24	0	12	128
West (2008)	3,11		3,65	0,15	0	24	633

Tabelle 5:   Mittelwertvergleich (ANOVA) des Zeitaufwands für Kinderbetreuung von Vätern 2005 bis 2008 in den neuen und den alten Bundesländern

Quelle: SOEP 26; eigene Berechnungen; Zahlen gerundet; die Mittelwertvergleiche sind auf einem Level bis 0,01 hoch signifikant, signifikant bis zu einem Level von 0,05 und schwach signifikant bis zu einem Level von 0,10

Eine interessante Entwicklung ist in den neuen Bundesländern zu erkennen, wenn die Betreuungsleistungen der Väter getrennt nach drei Kategorien betrachtet werden: Deutlich mehr Väter engagieren sich 2008 mit mehr als drei Stunden (59,2 Prozent) und weniger bleiben darunter (40,8 Prozent). Im Jahr davor waren es in Ostdeutsch-land noch ganze 89 Prozent, die sich lediglich drei Stunden oder weniger in alltägli-chen Betreuungsleistungen engagiert haben (siehe Abbildung Nr. 20).

Zusammenfassend lässt sich sagen, dass im Rahmen dieser Analysen keine mit der Einführung des Elterngeldes einhergehende erhöhte Betreuungsleistung von Vätern festzustellen ist. Nun muss allerdings zur Interpretation der Ergebnisse erstens berücksichtigt werden, dass sich die Zusammensetzung der Gruppe der Väter – wie schon in der Auswertung zu den Fertilitätsentwicklungen festgestellt wurde – stark verändert hat; hier dürfte eine genauere Betrachtung der Gruppe der Väter in Bezug auf ihre sozioökonomischen Merkmale etwas mehr Licht auf die Hintergründe der festgestellten Tendenzen werfen können.

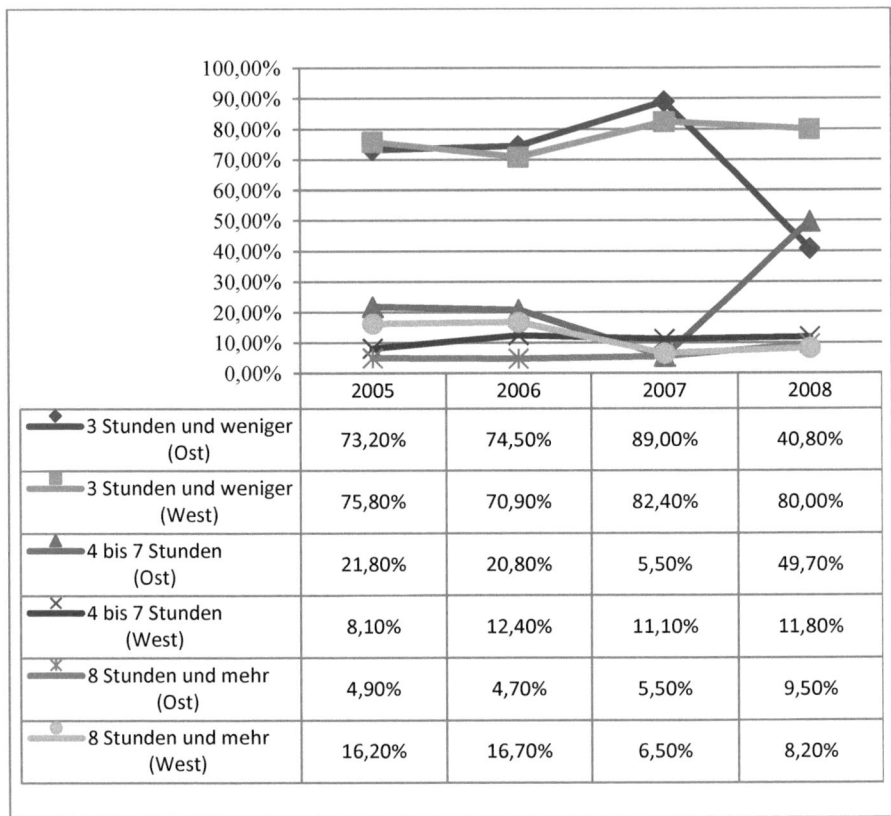

	2005	2006	2007	2008
3 Stunden und weniger (Ost)	73,20%	74,50%	89,00%	40,80%
3 Stunden und weniger (West)	75,80%	70,90%	82,40%	80,00%
4 bis 7 Stunden (Ost)	21,80%	20,80%	5,50%	49,70%
4 bis 7 Stunden (West)	8,10%	12,40%	11,10%	11,80%
8 Stunden und mehr (Ost)	4,90%	4,70%	5,50%	9,50%
8 Stunden und mehr (West)	16,20%	16,70%	6,50%	8,20%

Abbildung 20:   Zeitaufwand für Kinderbetreuung von Vätern 2005 bis 2008 getrennt in drei
                     Kategorien (getrennt nach neuen und alten Bundesländern)

Quelle: SOEP 26; eigene Berechnungen; Zahlen gerundet

Zweitens darf nicht außer Acht gelassen werden, dass viele der Väter keine Erstelternschaft angetreten haben und damit der „Wendepunkt" einer gegenderten Aufteilung von Arbeit im Haushalt möglicherweise schon stattgefunden hat. Schaut man
sich allerdings die Unterschiede in den mittleren Betreuungsleistungen von Vätern
getrennt nach Erstelternschaft und weiteren Elternschaften an, so sind auch hier keine
signifikanten Unterschiede mit der Einführung des Elterngeldes zu erkennen (siehe
Abbildung Nr. 21 und Tabelle Nr. 6). Tatsächlich hat sich die mittlere Betreuungsleistung von Vätern, die ihr erstes Kind bekommen haben, mit Einführung des Elterngeldes sogar noch verringert.

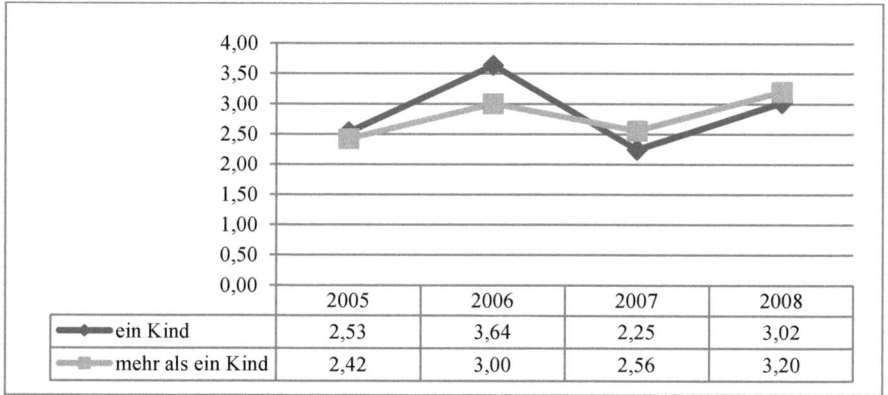

	2005	2006	2007	2008
ein Kind	2,53	3,64	2,25	3,02
mehr als ein Kind	2,42	3,00	2,56	3,20

Abbildung 21:   Mittlere Väterbeteiligung getrennt nach Erstelternschaft und weiterer Elternschaft
Quelle: SOEP 26; eigene Berechnungen; Zahlen gerundet

Mit diesen Ergebnissen wird in Frage gestellt, ob oder inwieweit das Elterngeld und die Vätermonate geeignet sind, die Retraditionalisierung der Arbeitsteilung im Familienhaushalt im Sinne einer geschlechtergerechteren Aufteilung von Bctreuungsleistungen zu beeinflussen.

In der Betrachtung der Zusammensetzung der Gruppe der Väter getrennt nach Geburtsjahr des Kindes vor und nach der Einführung des Elterngeldes wurde schon in der Auswertung der Fertilitätsentwicklungen festgestellt, dass sich zeitgleich mit der Einführung des Elterngeldes sowohl das durchschnittliche Alter als auch der Bildungsstand in der Gruppe der Eltern erhöht hat. Das galt sowohl für die Mütter als auch für die Väter. Mit einer Betrachtung der unterschiedlichen Zusammensetzung der Gruppe der Väter über die Jahre hinweg lassen sich möglicherweise auch die Entwicklungen bezüglich der väterlichen Betreuungsleistungen erklären: Welche Zusammenhänge bestehen zwischen dem Maß väterlichen Engagements und dem Alter oder dem Bildungsstand von Vätern?

Im Vergleich der Mittelwerte der Betreuungszeiten von unter und über 30-järigen Vätern lässt sich ein über die Jahre 2005 bis 2008 hinweg bestehender, erstaunlich gleich bleibender Unterschied erkennen: Jüngere Väter wenden im Durchschnitt fast eine Stunde mehr für Kinderbetreuung auf als ältere Väter (Siehe Abbildung Nr. 22 und Tabelle Nr. 7).

Diese Unterschiede sind in allen Jahren bis auf 2006 hoch signifikant (2006 allerdings auch leicht signifikant auf einem Level von 0,061, siehe Tabelle Nr. 7).

ANOVA	Mittel-wert	Signifi-kanz	Stan-dard-abwei-chung	Stan-dard-fehler	Mini-mum	Maxi-mum	N (gewich-tet, in Tausend)
Ost (2005)	1,65	,160	0,95	0,08	1	7	147
West (2005)	1,87		0,97	0,04	1	6	498
Ost (2006)	1,59	,607	1,05	0,10	1	8	115
West (2006)	1,55		0,83	0,04	1	6	532
Ost (2007)	1,54	,000	0,68	0,06	1	3	129
West (2007)	1,87		0,86	0,04	1	6	407
Ost (2008)	1,98	,050	0,89	0,08	1	5	128
West (2008)	1,81		0,91	0,04	1	5	658

Tabelle 6:   Mittelwertvergleich (ANOVA) der Väterbeteiligung getrennt nach Erstelternschaft und weiterer Elternschaft

Quelle: SOEP 26; eigene Berechnungen; Zahlen gerundet; die Mittelwertvergleiche sind auf einem Level bis 0,01 hoch signifikant, signifikant bis zu einem Level von 0,05 und schwach signifikant bis zu einem Level von 0,10

Der unabhängig von den Elterngeldleistungen größere Anteil an Betreuungsleistungen bei jüngeren Vätern zeigt, dass sich jüngere Väter-Generationen bezüglich moderner Rollenbilder tendenziell tatsächlich im Vergleich zu den älteren etwas aufgeschlossener zu zeigen scheinen. Ein kausaler Einfluss von Elterngeld und Vätermonaten auf väterliches Engagement ist allerdings nicht zu erkennen. Vielmehr deuten die Unterschiede in den Altersgruppen auf einen vom Elterngeld unabhängigen Wandel väterlicher Praxen hin, der vermutlich insbesondere auf modernen Vorstellungen von Vaterschaft und Partnerschaft bei jüngeren Vätern beruht.

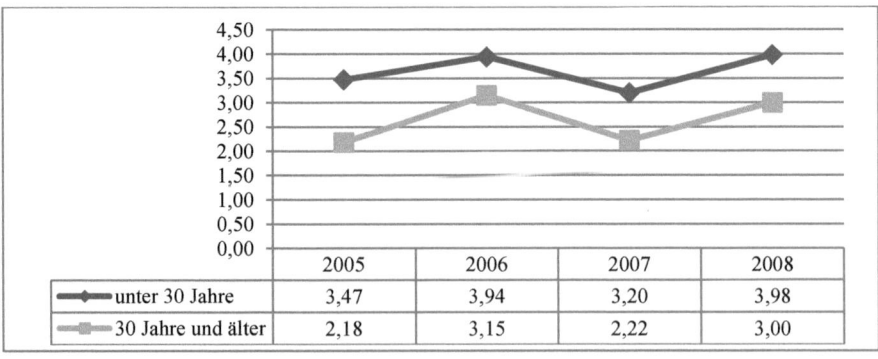

	2005	2006	2007	2008
unter 30 Jahre	3,47	3,94	3,20	3,98
30 Jahre und älter	2,18	3,15	2,22	3,00

Abbildung 22:   Mittlere Väterbeteiligung getrennt nach Alter (bis und ab 30 Jahre)

Quelle: SOEP 26; eigene Berechnungen; Zahlen gerundet

ANOVA	Mittel-wert	Signi-fikanz	Standard-abwei-chung	Standard-fehler	Mini-mum	Maxi-mum	N (gewich-tet, in Tausend)
Unter 30 Jahre (2005)	3,47	0,000	2,99	0,25	0	24	142
30 Jahre und älter (2005)	2,18		1,94	0,09	0	14	490
Unter 30 Jahre (2006)	3,94	0,061	3,5	0,27	0	13	168
30 Jahre und älter (2006)	3,15		4,98	0,24	0	24	442
Unter 30 Jahre (2007)	3,2	0,001	2,58	0,24	0	12	113
30 Jahre und älter (2007)	2,22		2,71	0,13	0	24	422
Unter 30 Jahre (2008)	3,98	0,010	4,02	0,41	0	12	98
30 Jahre und älter (2008)	3,00		3,41	0,13	0	24	662

Tabelle 7:   Mittelwertvergleich (ANOVA) der Väterbeteiligung getrennt nach Alter (bis und ab 30 Jahre)

Quelle: SOEP 26; eigene Berechnungen; Zahlen gerundet; die Mittelwertvergleiche sind auf einem Level bis 0,01 hoch signifikant, signifikant bis zu einem Level von 0,05 und schwach signifikant bis zu einem Level von 0,10

Welcher Einfluss des Bildungsstands lässt sich in Bezug auf das Maß väterlicher Betreuung erkennen? Zeigen Väter aus höheren Bildungsgruppen tatsächlich mehr Engagement in der Kinderbetreuung?

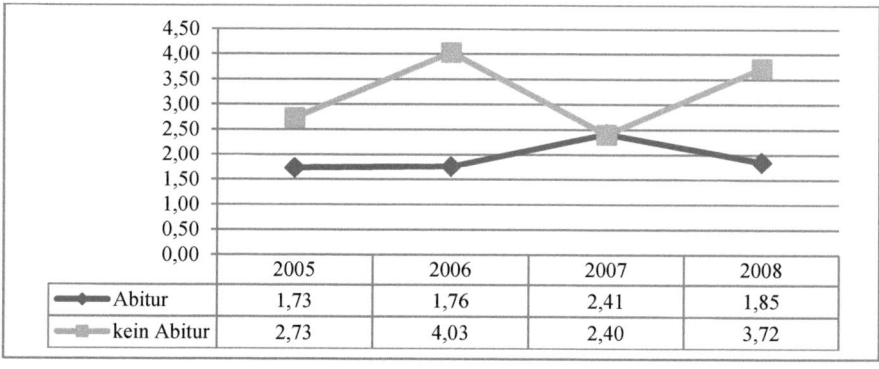

	2005	2006	2007	2008
Abitur	1,73	1,76	2,41	1,85
kein Abitur	2,73	4,03	2,40	3,72

Abbildung 23:   Mittlere Väterbeteiligung getrennt nach Bildungsstand (Abitur / kein Abitur)

Quelle: SOEP 26; eigene Berechnungen; Zahlen gerundet

Die Ergebnisse der Gegenüberstellung der mittleren Betreuungsstunden getrennt nach Bildungslevel überraschen: In Deutschland sind 2005, 2006 und 2008 Väter ohne Abitur im Durchschnitt deutlich und signifikant mehr an der Kinderbetreuung beteiligt als Väter mit Abitur (siehe Abbildung Nr. 23 und Tabelle Nr. 8).

Allerdings ist 2007 zwischenzeitlich überhaupt kein Unterschied der mittleren Betreuungsstunden verschiedener Bildungsgruppen zu erkennen und der deutliche Zusammenhang zwischen Bildungsstand und mittlerem väterlichen Engagement löst sich kurzfristig auf.

Zusammenfassend lässt sich damit in Bezug auf die Faktoren Alter und Bildung sagen, dass das Alter von Vätern tatsächlich tendenziell einen Einfluss auf väterliche Betreuungszeiten zu haben scheint: jüngere Väter zeigen hier im Durchschnitt mehr Engagement. Der Bildungslevel scheint einen negativen Einfluss auf das Maß väterlichen Engagements zu haben. Dieser Umstand steht möglicherweise mit einer stärkeren beruflichen Einbindung höherer Bildungsgruppen in Zusammenhang. Ob und inwieweit das Elterngeld sich auf das Maß väterlicher Beteiligung ausgewirkt hat, kann mit den hier vorliegenden Daten letztendlich nicht beantwortet werden. Im Rahmen dieser Analyse bis hierhin werden jedoch derzeit diskutierte Annahmen zu väterlicher Beteiligung in Frage gestellt, dass sowohl Alter als auch Bildung einen positiven Einfluss auf zeitliches Engagement bei der Kinderbetreuung von Vätern haben.

ANOVA	Mittel-wert	Signi-fikanz	Stan-dard-abwei-chung	Stan-dard-fehler	Mini-mum	Maxi-mum	N (gewich-tet, in Tausend)
Kein Abitur (2005)	2,73	0,000	2,43	0,12	0	24	142
Abitur (2005)	1,73		1,39	0,11	0	9	490
Kein Abitur (2006)	4,03	0,000	5,35	0,26	0	24	168
Abitur (2006)	1,76		1,24	0,10	0	5	442
Kein Abitur (2007)	2,40	0,978	3,04	0,16	0	24	113
Abitur (2007)	2,41		1,99	0,14	0	12	422
Kein Abitur (2008)	3,72	0,000	4,02	0,18	0	24	98
Abitur 2008)	1,85		1,84	0,13	0	12	662

Tabelle 8:   Mittelwertvergleich (ANOVA) der Väterbeteiligung getrennt nach Bildungsstand (Abitur / kein Abitur)

Quelle: SOEP 26; eigene Berechnungen; Zahlen gerundet; die Mittelwertvergleiche sind auf einem Level bis 0,01 hoch signifikant, signifikant bis zu einem Level von 0,05 und schwach signifikant bis zu einem Level von 0,10

Bevor das Maß und die Richtung der Einflüsse ausgesuchter Faktoren mit Hilfe einer Regression untersucht werden, soll an dieser Stelle noch auf die Frage des Einflusses der Einkommensverhältnisse in Paarhaushalten auf die Entscheidung darüber, wer die Betreuung der Kinder übernimmt, untersucht werden. Aufgrund der hohen Anzahl fehlender Daten von befragten Personen, wenn es um Angaben zum Einkommen geht, soll diese Frage nur für diejenigen untersucht werden, die Auskünfte über ihre finanziellen Verhältnisse nicht verweigert haben[87]. Auch werden nur Daten von Personen herangezogen, die einen Partner im Haushalt angegeben haben, der zusätzlich auch selbst an der Befragung teilgenommen hat. Die Ergebnisse lassen sich damit zwar nicht verallgemeinern, können allerdings zumindest mögliche Tendenzen aufzeigen bezüglich der Fragen, ob sich erstens „Partnerschaftskalküle" (beziehungsweise ökonomische Überlegungen in Paarhaushalten andeuten) und zweitens ob sich hier zeitgleich mit der Einführung des Elterngeldes Veränderungen andeuten.

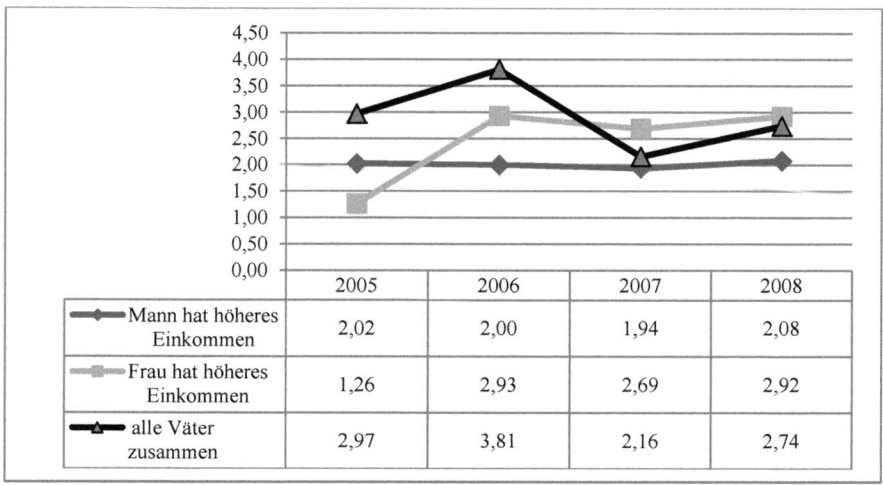

	2005	2006	2007	2008
Mann hat höheres Einkommen	2,02	2,00	1,94	2,08
Frau hat höheres Einkommen	1,26	2,93	2,69	2,92
alle Väter zusammen	2,97	3,81	2,16	2,74

Abbildung 24:   Vergleich der mittleren Väterbeteiligung nach Einkommensrelation zum Partnereinkommen (2005 bis 2008)

Quelle: SOEP 26; eigene Berechnungen; Zahlen gerundet, nicht repräsentative Daten

---

87 Ein Ersetzen der fehlenden Werte würde hier zu besonders großen Verzerrungen führen, da die Variable „Einkommensvergleich" aus der Gegenüberstellung von zwei Variablen zu Einkommen (von Männern und Frauen) erstellt wird, die beide einem hohen Anteil fehlender Werte beinhalten und zusammengefasst noch weniger Fälle ergeben. Hinzu kommt, dass lediglich dort verglichen werden kann, wo auch ein Partner im Haushalt angegeben wurde. In der Variable sind am Ende weniger als 50 Prozent der untersuchten Fälle enthalten; ein Ersetzen der fehlenden Werte kann hier nicht mehr gerechtfertigt werden.

In Abbildung Nr. 24 ist die Gruppe derjenigen Väter, die ein höheres Einkommen als ihre Partnerin beziehen, der Gruppe der Väter, deren Partnerin ein höheres Einkommen bezieht, bezüglich ihrer mittleren Kinderbetreuungsleistung gegenübergestellt. Zum Vergleich werden die Werte der mittleren alltäglichen Betreuungsstunden aller Väter aufgeführt. Hier kann zum einen festgestellt werden, dass die Gruppe derjenigen, für die die erforderlichen Daten vorliegen, tatsächlich nicht einen repräsentativen Teil aller hier untersuchten Väter darstellen. Die Werte sind daher als nicht verallgemeinerbar anzusehen. Zum anderen lohnt es sich allerdings, diese nur auf einen Teil der Väter zutreffenden Ergebnisse zu betrachten: Erstens zeigt sich hier über die Jahre hinweg eine mögliche äußerst hartnäckige Persistenz väterlichen Engagements bei Vätern, die mehr als ihre Partnerin verdienen: hier sind es über alle vier Jahre hinweg durchschnittlich circa zwei Stunden werktags, in denen Väter ihre Kinder betreuen; zweitens kommt es im Übergang von 2005 zu 2006 zu einer Verdoppelung der durchschnittlichen Stundenzahl, die die hier untersuchten Väter mit weniger Einkommen als ihre Frauen durchschnittlich täglich aufgebracht haben im Vergleich zu den Vätern aus dem Vorjahr; drittens lässt sich – mit aller hier aufgrund der Daten gebotenen Vorsicht - erkennen, dass im Übergang zu 2006 mit dem Elterngeld eine Verschiebung stattgefunden hat: Möglicherweise leisten seit Einführung des Elterngeldes Väter mit weniger Einkommen als ihre Partnerin durchschnittlich mehr Betreuungsarbeit als Väter, die mehr als ihre Partnerin verdienen. Die Beantwortung der Frage, ob sich der Einfluss des relativen Einkommens mit der Einführung des Elterngeldes verändert hat, kann mit den hier zugrunde gelegten Daten jedoch, wie vorher schon betont wurde, nicht beantwortet werden.

4.2.2   Faktoren väterlichen Engagements im Jahresvergleich

Mittels einer Regressionsanalyse sollen nun zum Schluss einflussreiche Faktoren väterlichen Engagements in der Kinderbetreuung ermittelt werden. Es werden hierfür die Jahre 2005 bis 2008 getrennt untersucht.

Der Jahresvergleich der Werte der Koeffizienten wird dabei als geeignet angesehen, folgende Fragen zu beantworten: Welche Faktoren lassen sich als Prädiktoren väterlichen Engagements ausmachen und welche Entwicklungen zeigen sich diesbezüglich mit der Einführung des Elterngeldes?

Mit den für die Regression ausgewählten Faktoren lassen sich, wie aus Tabelle Nr. 9 abgelesen werden kann, in den Jahren 2005 bis 2008 lediglich circa 30 bis 50 Prozent der Varianz väterlicher Betreuungsleistungen erklären. Die Erklärungskraft dieses Modells mit den Faktoren Alter, Bildung, Anzahl der Kinder im Haushalt, Angaben zum Einkommen sowie dem Erwerbsstatus vor und nach der Geburt eines Kindes ist im Jahr 2008 am größten. Hier sind alle Faktoren zumindest schwach signifikant.

In der Betrachtung des Faktors „Alter" wird nochmals deutlich, dass in jedem der hier untersuchten Jahre mit zunehmendem Alter im Durchschnitt weniger alltägliche Betreuungsleistungen von Vätern erbracht werden. Dieser Einfluss ist im Jahr

2005 besonders hoch, im Jahr 2006 dagegen niedrig und lediglich schwach signifikant. In Bezug auf den Bildungsstand ist auch im Rahmen dieses Modells zu erkennen, dass Väter ohne Abitur im Durchschnitt – und das über alle Jahre hinweg, allerdings nur für 2006 und 2008 signifikant – mehr durchschnittliche tägliche Kinderbetreuungszeiten aufweisen. Hier wurde vormals schon die Vermutung geäußert, dass gemäß einem Zeitbudgetprinzip das Maß der beruflichen Einbindung relevant sein könnte. Tatsächlich ist mit dem Erwerbsstatus nach der Geburt durchgehend ein hoch signifikanter Einflussfaktor für väterliche Betreuung zu erkennen. Erstmals in der Gruppe der Väter von Neugeborenen in 2008 verliert der Erwerbsstatus als Bestimmungsfaktor väterlichen Engagements an Bedeutung. Die Regressionskoeffizienten bezüglich des Erwerbsstatus der Väter *vor* der Geburt des Kindes zeigen weniger eindeutige Tendenzen; sie verweisen nochmals darauf, dass die Gruppen der Väter getrennt nach Geburtsjahr sehr unterschiedlich zusammengesetzt sind. Interessanterweise sind die Koeffizienten trotz ihrer unterschiedlichen Richtung und Ausprägung in den Jahren 2006 bis 2008 hoch signifikant: 2006 und 2008 gibt es einen negativen Einfluss des Erwerbsstatus auf die väterlichen Betreuungszeiten, in der Gruppe der Väter aus 2007 ist der Einfluss positiv.

	2005		2006		2007		2008	
Korrigiertes R²	,318		,449		,299		,521	
	Beta	Sig.	Beta	Sig.	Beta	Sig.	Beta	Sig.
(Konstante)		,000		,000		,000		,000
Alter	-,234	,000	-,070	,081	-,155	,001	-,128	,000
Abitur	-,044	,273	-,102	,004	-,055	,227	-,109	,000
Anzahl der Kinder im Haushalt	-,005	,895	,023	,501	,078	,078	,049	,058
Generiertes Einkommen aus 2004	-,145	,001	,067	,118	,036	,496	-,061	,051
Erwerbsstatus im Jahr vor der Geburt des Kindes	-,044	,252	-,271	,000	,220	,000	-,559	,000
Erwerbsstatus im Jahr vor der Geburt des Kindes	-,467	,000	-,505	,000	-,511	,000	-,181	,000

Tabelle 9: Regression Väterbeteiligung (2005 bis 2008)[88]

Quelle: SOEP 26; eigene Berechnungen; Zahlen gerundet; Regressionskoeffizienten gelten bis zu einem Level von 0,01 als hoch signifikant, signifikant bis zu einem Level von 0,05 und schwach signifikant bis zu einem Level von 0,10

---

88 Ausführlichere Tabellen zu den Regressionen befinden sich im Anhang, die unter www.springer.com auf der Produktseite dieses Buches verfügbar ist

Die Werte der Regressionskoeffizienten bezüglich der Anzahl der Kinder im Haushalt zeigen, dass zumindest bei den Gruppen der Väter in 2007 und 2008 die Anzahl der Kinder im Haushalt zu einem kleinen Teil tendenziell zu einer verstärkten Betreuungszeit von Vätern führt. Die Regressionskoeffizienten für das Einkommen der Väter sind im Jahresvergleich sehr unterschiedlich ausgeprägt und damit schwer zu interpretieren; hier zeigen sich lediglich für die Jahre 2005 und 2008 signifikante bis schwach signifikante negative Einflüsse des Einkommens auf väterliches Engagement.

4.2.3 Zusammenfassung und Fazit Väterbeteiligung

Welche Entwicklungen lassen sich insgesamt in den Jahren 2005 bis 2008 in Bezug auf die Väterbeteiligung an der Kinderbetreuung erkennen? Wie gezeigt werden konnte, hat sich das mittlere zeitliche Engagement von Vätern für ihre Kinder kurz nach deren Geburt mit Einführung des Elterngeldes nicht erhöht. Tatsächlich sind die mittleren Werte zu Kinderbetreuungszeiten in der Gruppe der Väter aus 2007 im Vergleich zu denen im Vorjahr sogar noch gesunken. Interessante Tendenzen ließen sich im Vergleich der durchschnittlichen Betreuungszeit von Vätern zwischen den neuen und den alten Bundesländern erkennen: ein 2005 und 2006 noch bestehender signifikanter Unterschied zwischen den beiden Gruppen nach Wohnort löst sich mit der Einführung des Elterngeldes zunehmend auf.

Die Ursachen für diese Veränderung sind vermutlich nicht in einer geänderten Beteiligung ost- oder westdeutscher Väter zu finden, sondern eher in der mit dem Elterngeld einhergehenden neuen Zusammensetzung in der Gruppe der Väter. Darauf deuten auch die Ergebnisse in den Analysen der Zusammenhänge von Alter und Bildung mit väterlicher Beteiligung: Hier zeigten schon die Ergebnisse aus der Analyse der Fertilitätsentwicklungen, dass sich zeitgleich mit der Einführung des Elterngeldes das durchschnittliche Alter und der mittlere Bildungsstand der Väter erhöht haben. Das legt die Vermutung nahe, dass mit den Elterngeldleistungen tendenziell eher Anreize für *Fertilitätsentscheidungen* von Männern im höheren Alter und mit höherem Bildungslevel wirksam werden. Die mit der Einführung von Vätermonaten erhofften Anreizwirkungen in Richtung einer *Mehrbeteiligung in der Kinderbetreuung* lassen sich insgesamt jedoch nicht feststellen.

Unabhängig von der Einführung des Elterngeldes im Jahr 2007 lässt sich allerdings ein Zusammenhang zwischen dem Alter der Väter und ihrem Engagement in der Kinderbetreuung erkennen: Jüngere Väter wenden tatsächlich über alle hier untersuchten Jahre hinweg mehr Alltags-Zeit für Kinderbetreuung kurz nach der Geburt eines Kindes auf als ältere Väter.

Die Untersuchung des Zusammenhangs zwischen Bildung und väterlichem Engagement lieferte ein überraschendes Ergebnis: Abgesehen vom Jahr 2007 konnte für alle anderen Jahre eine hoch signifikante Mehrbeteiligung in der Kinderbetreuung für Väter ohne Abitur festgestellt werden. Dieses Ergebnis steht im Gegensatz zu anderen Ergebnissen – zum Beispiel aus Dänemark –, die eine „Bildungspolarisation" (Bonke/Esping-Andersen 2011) in genau die andere Richtung feststellen. Mit einer anderen Differenzierung von Bildungsabschlüssen, in der zum Beispiel auch nach vorhandenem Universitätsabschluss unterschieden wird, können tendenzielle Unterschiede im väterlichen Betreuungsverhalten nach Bildungsniveau sicherlich etwas genauer dargestellt werden; so würde auch eine mögliche Nichtlinearität vorhandener Zusammenhänge besser deutlich werden können.

Im Rahmen der Analyse wurde der Versuch unternommen, Entwicklungen von väterlicher Betreuung auch in Abhängigkeit vom relationalen Einkommen der Partnerin zu ermitteln. Aufgrund der Nichtrepräsentativität der Daten muss hier jedoch auf eine Auswertung der Ergebnisse verzichtet werden. Da unter anderem Pollmann-Schult (2008) dem relativen Einkommen von Frauen eine hohe Bedeutung bezüglich väterlichen Engagements beimisst, sind weitere Analysen mit verlässlicheren Daten wünschenswert.

Die Betrachtung der Entwicklung der mittleren väterlichen Betreuungszeit getrennt nach neuen und alten Bundesländern zeigte eine interessante Entwicklung, die nur für Ostdeutschland und hier auch lediglich im Übergang von 2007 zu 2008 festzustellen ist: Während 2007 noch 89 Prozent der Väter drei oder weniger Stunden pro Tag in der Betreuung von Kindern engagiert waren, sind es in der Gruppe der Väter aus 2008 fast 60 Prozent die vier oder mehr Stunden in die Betreuung ihrer Kinder investieren. Dieses Ergebnis mit dem zuvor schon genannten Unterschied väterlicher Betreuungszeiten vor der Einführung des Elterngeldes zeigt, dass eine getrennte Berücksichtigung der neuen und der alten Bundesländer für ein adäquate Analyse unerlässlich ist.

Insbesondere aufgrund der Erwartungen bezogen auf den Effekt, den die Einführung von Vätermonaten auf geschlechtergerechtere Arbeitsteilung nach der Geburt eines Kindes haben sollte, wurde untersucht, ob sich mit der Einführung des Elterngeldes die Retraditionalisierung häuslicher Arbeitsteilung aufbrechen ließ. Die Gegenüberstellung mittlerer Väterbeteiligung getrennt danach, ob es ein erstes oder ein weiteres Kind war, das geboren wurde, legte offen, dass die mittlere Väterbeteiligung bei Erstelternschaften niedriger war als bei Vätern, die schon mehr als ein Kind bekommen hatten. Ein Aufbrechen der Retraditionalisierung häuslicher Arbeitsteilung mit den Elterngeldleistungen nach dem „Wendepunkt" Geburt kündigt sich in diesen Tendenzen nicht an.

Die Untersuchung des Einflusses verschiedener Faktoren auf das väterliche Engagement in den Jahres-Gruppen der Väter bestätigte die schon vorher genannten Zusammenhänge in Bezug auf Alter und Bildung des Vaters mit dem Engagement in der Kinderbetreuung. Deutlich wurde im Rahmen dieser Analyse auch, dass der Erwerbsstatus nach der Geburt des Kindes großen Einfluss auf das Maß an Betreuungszeit hat. Dieser hoch signifikante Einfluss der beruflichen Einbindung des Vaters bedarf weiterer Analysen, die diesen Faktor auch in der Gegenüberstellung mit der Erwerbssituation und dem Betreuungsengagement der Partnerin untersuchen.

Zusammenfassend kann gesagt werden, dass mit den Leistungen des Elterngeldes keine erhöhte Beteiligung der Väter festzustellen ist. Die Tendenzen bezüglich des Alters legen die Vermutung nahe, dass nicht vorrangig staatliche Leistungen, sondern vielmehr normative Einstellungen und Werthaltungen das väterliche Engagement bestimmen. Jüngere Väter haben möglicherweise modernere Vorstellungen von Vaterschaft und Partnerschaft als ältere. Eine Untersuchung väterlicher Beteiligung sollte daher nicht auf die Erfassung von Einstellungsmustern und Wertvorstellungen verzichten. Mit einer zusätzlichen Betrachtung kultureller Dimensionen ließe sich vermutlich zum einen auch die erklärte Varianz in der Regressionsanalyse väterlichen Engagements beträchtlich erhöhen und zum andern die Unterschiede in den neuen und den alten Bundesländern geeignet erklären.

Die mit den Vätermonaten vom Staat vorverhandelte Möglichkeit für Väter, sich aktiver nach der Geburt eines Kindes an der Kinderbetreuung zu beteiligen, stößt möglicherweise jedoch nicht nur an normative, sondern auch an faktische Grenzen. In zukünftigen Analysen sollten Faktoren auf individueller Ebene und auf Ebene der Arbeitswelt beleuchtet werden, die einem väterlichen Engagement für das eigene Kind entgegenstehen. Wie wir im Rahmen dieser Untersuchungen sehen konnten, bedarf es allerdings für derartige Analysen noch geeigneterer Daten zur Zeitverwendung. Die hier verwendeten Angaben mit der Möglichkeit, bis zu 24 Stunden anzugeben, machen die Interpretation der Ergebnisse schwierig und stellen die Validität der Ergebnisse zu einem gewissen Maß in Frage. Daten zur Zeitverwendung sollten Kinderbetreuung genauer erfassen, wie zum Beispiel mit getrennten Angaben zu Wegezeiten, Essenszeiten, Pflege- oder auch Spielzeit mit Kindern, um die vielfältigen Facetten von mit Kindern verbrachter Zeit adäquat einfangen zu können. In Bezug auf Zeitverwendungsdaten sollte allgemein auch überlegt werden, welche Bedeutung *Gleichzeitigkeiten* im Rahmen der Erfassung von Zeitverwendung haben, insbesondere in der Erfassung familialer Aufgaben.

4.3   Ergebnisse Erwerbsbeteiligung

Durch die mit dem Elterngeld einhergehenden Leistungen wird der Möglichkeitsraum der zeitlichen Abfolge von Familiengründung, Familienerweiterung und Erwerbstätigkeit neu strukturiert. Mit den einkommensabhängigen Zahlungen des Elterngeldes werden Anreize für Frauen in Bezug auf eine berufliche Etablierung vor der Geburt eines Kindes gesetzt und die Beschränkung der Leistung auf höchstens zwölf Monate pro Elternteil[89] beinhaltet Anreize für einen Wiedereinstieg in den Beruf nach einer höchstens einjährigen Unterbrechung der Erwerbstätigkeit. Insgesamt ist das Elterngeld dazu angelegt, die Organisation von Familie und Erwerbstätigkeit in Deutschland neu zu strukturieren, da mit ihm die Arbeitsteilung in Paarhaushalten im Sinne eines geschlechterneutralen Doppelverdiener-Modells unterstützt wird.

Doch inwieweit bedeutet eine derartige Rahmung der Handlungen durch finanzielle Leistungen gleichzeitig auch deren Beeinflussung beziehungsweise deren Veränderung? Entscheiden sich mit Einführung des Elterngeldes tatsächlich mehr Frauen

---

89 Mit Ausnahme der Alleinerziehenden; sie können das Elterngeld für 14 Monate – abzüglich der Monate, in denen Mutterschutzleistungen gewährt werden – beantragen.

als bisher für eine (Vollzeit-)Erwerbstätigkeit kurz nach der Geburt eines Kindes? Eine Beantwortung dieser Frage soll im folgenden Teil der Analyse versucht werden. Unter Berücksichtigung der Feststellung, dass die meisten Frauen frühestens 18 Monate nach der Geburt eines Kindes eine Erwerbstätigkeit aufnehmen (Deutscher Bundestag 2008), werden in dieser Analyse nicht nur Zahlen zur Erwerbstätigkeit von Frauen *ein* Jahr nach der Geburt, sondern auch *zwei* Jahre danach untersucht.

Zur Beschreibung des Umfangs weiblicher Erwerbstätigkeit werden der Analyse Angaben von Frauen zu *tatsächlich geleisteten durchschnittlichen Wochenstunden* zugrunde gelegt[90]. Die unter der Bezeichnung „ein Jahr nach der Geburt" aufgeführten Daten beziehen sich auf Angaben 1 bis 24 Monate nach der Geburt eines Kindes (geboren in 2005 bis 2008); die unter „zwei Jahre nach der Geburt" aufgeführten Daten beziehen sich auf den Zeitraum von 13 bis 36 Monaten nach der Geburt des (in 2005 bis 2007) geborenen Kindes.

4.3.1 Erwerbsbeteiligung von Müttern im Jahresvergleich

Zur Beantwortung der Frage, inwieweit sich mit dem Elterngeld tatsächlich eine Veränderung des weiblichen Erwerbsverhaltens ergeben hat, wird nun ein Vergleich der mittleren Erwerbsstunden ein und zwei Jahre nach der Geburt erfolgen. Vorab soll eine nach dem Geburtsjahr des Kindes getrennte Untersuchung der Zusammensetzung der Gruppe der Mütter erfolgen, um Entwicklungen bezüglich der Erwerbsbeteiligung adäquat interpretieren zu können.

Die Mütter sind in den untersuchten Jahren durchschnittlich 31 bis 32 Jahre alt[91]; im Jahrgang 2007 war das mittlere Alter von Müttern am höchsten. Während in 2006 der Anteil der 25-29-jährigen Mütter mit 37 Prozent am größten war, waren es 2007 und 2008 die Gruppen der 30-34-jährigen, die am größten waren (33,7 und 38,7 Prozent).

Eine Betrachtung der Altersgruppen getrennt nach neuen und alten Bundesländern zeigt, dass es eine Verschiebung der Anteile insbesondere in Ostdeutschland von den 25-29-jährigen zu den 30-34-jährigen Müttern zu geben scheint (siehe Abbildung Nr. 25): Während erstere 2005 mit 52,4 Prozent die Mehrheit der Mütter ausmachten, waren es 2008 letztere, die mit 52,1 Prozent den größten Anteil in den Altersgruppen innehatten.

Im Vergleich des mittleren Alters von Müttern mit einem in 2005 bis 2008 geborenen Kind zeigen sich hoch signifikante Unterschiede zwischen den neuen und den alten Bundesländern (siehe Tabelle Nr. 10): Frauen in Ostdeutschland sind bei der Geburt eines Kindes circa zwei Jahre jünger als Frauen in Westdeutschland. 2007 ist die Differenz des durchschnittlichen Alters mit 2,8 Jahren am höchsten.

---

90 Im Gegensatz zu vertraglich vereinbarten Wochenstunden
91 Vergleiche hierzu auch Abbildung Nr. 8

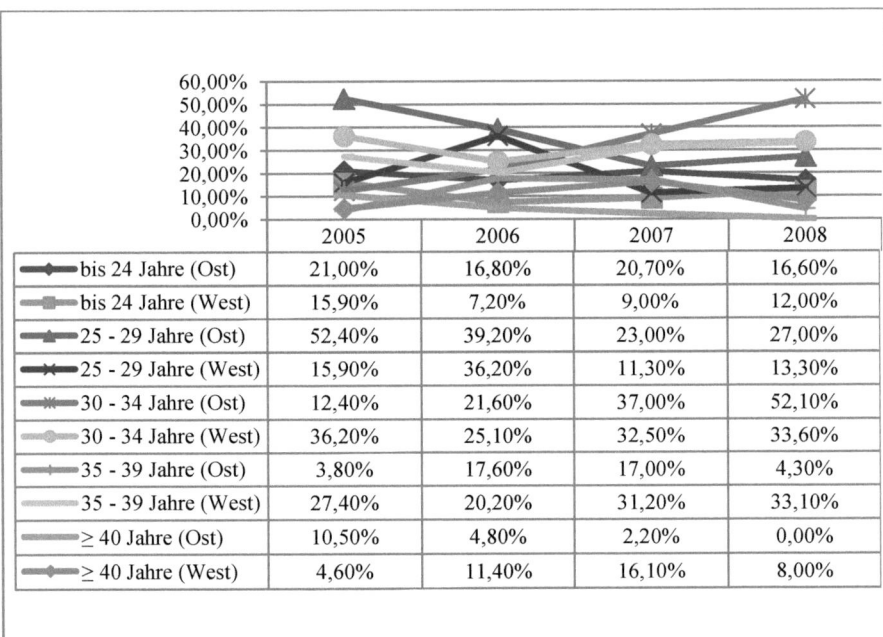

	2005	2006	2007	2008
bis 24 Jahre (Ost)	21,00%	16,80%	20,70%	16,60%
bis 24 Jahre (West)	15,90%	7,20%	9,00%	12,00%
25 - 29 Jahre (Ost)	52,40%	39,20%	23,00%	27,00%
25 - 29 Jahre (West)	15,90%	36,20%	11,30%	13,30%
30 - 34 Jahre (Ost)	12,40%	21,60%	37,00%	52,10%
30 - 34 Jahre (West)	36,20%	25,10%	32,50%	33,60%
35 - 39 Jahre (Ost)	3,80%	17,60%	17,00%	4,30%
35 - 39 Jahre (West)	27,40%	20,20%	31,20%	33,10%
≥ 40 Jahre (Ost)	10,50%	4,80%	2,20%	0,00%
≥ 40 Jahre (West)	4,60%	11,40%	16,10%	8,00%

Abbildung 25:   Alter der Mütter (in Jahren) in fünf Kategorien und getrennt nach neuen und alten
                    Bundesländern, 2005 bis 2008

Quelle: SOEP 26; eigene Berechnungen; Zahlen gerundet; die Unterschiede in beiden Gruppen (Ost
und West) sind signifikant mit $p < 0,01$

ANOVA	Mittel-werte	Signi-fikanz	Standard-abwei-chung	Standard-fehler	Mini-mum	Maxi-mum	N (gewich-tet, in Tausend)
Ost (2005)	29,6	0,001	6,44	0,49	17	45	175
West (2005)	31,3		5,56	0,21	18	47	683
Ost (2006)	28,6	0,000	5,70	0,47	18	43	150
West (2006)	31,2		5,66	0,24	18	46	550
Ost (2007)	29,6	0,000	5,08	0,47	20	44	116
West (2007)	32,4		6,13	0,29	20	47	453
Ost (2008)	30,0	0,000	3,54	0,27	23	41	170
West (2008)	31,7		4,96	0,19	22	45	699

Tabelle 10:   Mittelwertvergleich (ANOVA) des Alters von Müttern (in Jahren) bei der Geburt
                  eines Kindes getrennt nach den neuen und den alten Bundesländern, 2005 bis 2008

Quelle: SOEP 26; eigene Berechnungen; Zahlen gerundet; die Mittelwertvergleiche sind auf einem
Level bis 0,01 hoch signifikant, signifikant bis zu einem Level von 0,05 und schwach signifikant bis
zu einem Level von 0,10

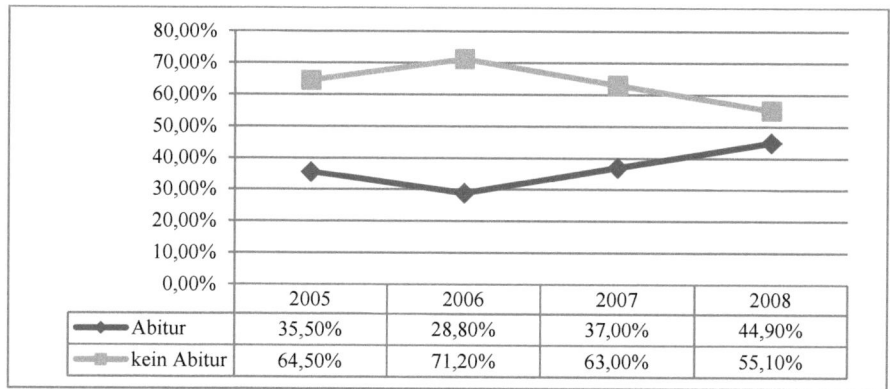

	2005	2006	2007	2008
Abitur	35,50%	28,80%	37,00%	44,90%
kein Abitur	64,50%	71,20%	63,00%	55,10%

Abbildung 26: Zusammensetzung der Gruppen der Mütter nach Bildungslevel (Abitur), 2005 bis 2008, in Prozent

Quelle: SOEP 26; eigene Berechnungen; Zahlen gerundet

In der Betrachtung des Bildungsniveaus der Mütter getrennt nach den neuen und den alten Bundesländern wird deutlich, dass sich im Übergang zu 2008 insbesondere in Ostdeutschland ein Wandel in der Zusammensetzung der Gruppe der Mütter vollzogen hat: Hier besitzen im Jahrgang der Geburten aus 2008 58 Prozent der Mütter das Abitur (siehe Abbildung Nr. 27).

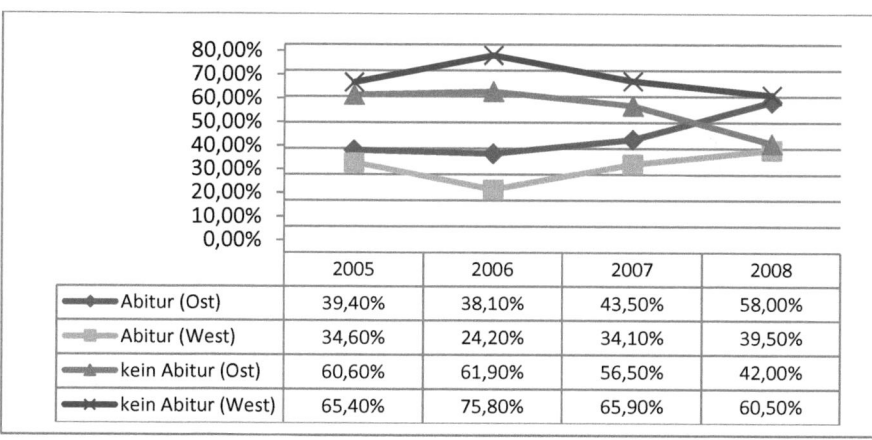

	2005	2006	2007	2008
Abitur (Ost)	39,40%	38,10%	43,50%	58,00%
Abitur (West)	34,60%	24,20%	34,10%	39,50%
kein Abitur (Ost)	60,60%	61,90%	56,50%	42,00%
kein Abitur (West)	65,40%	75,80%	65,90%	60,50%

Abbildung 27: Zusammensetzung der Gruppen der Mütter nach Bildungslevel (Abitur) getrennt nach neuen und alten Bundesländern, 2005 bis 2008, in Prozent

Datenquelle: SOEP 26; eigene Berechnungen; Zahlen gerundet; die Unterschiede in beiden Gruppen (Ost und West) sind signifikant mit p < 0,01

Mit dem Übergang zum Elterngeld haben mehr Frauen ein erstes Kind bekommen als in den Jahren davor und danach (siehe Abbildung Nr. 28). Kurzfristig scheint hier tatsächlich der Übergang zur Elternschaft für viele Frauen (und ihre Partner) eine reizvolle Option gewesen zu sein. Der besonders hohe Anteil an Frauen mit Erstelternschaft sinkt in 2008 jedoch wieder deutlich ab.

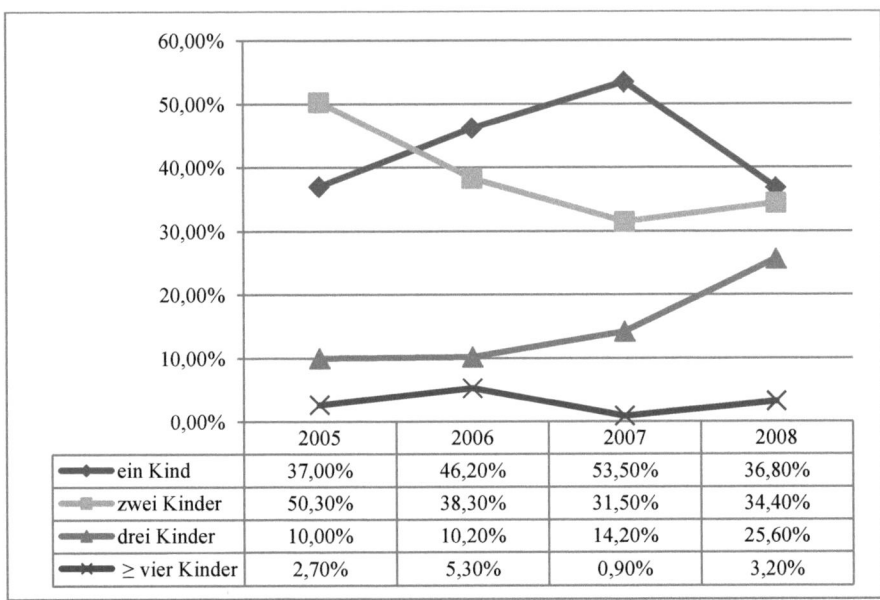

	2005	2006	2007	2008
ein Kind	37,00%	46,20%	53,50%	36,80%
zwei Kinder	50,30%	38,30%	31,50%	34,40%
drei Kinder	10,00%	10,20%	14,20%	25,60%
≥ vier Kinder	2,70%	5,30%	0,90%	3,20%

Abbildung 28:   Anzahl der Kinder im Haushalt der Mütter vor der Geburt des Kindes, 2005 bis 2008, in Prozent

Quelle: SOEP 26; eigene Berechnungen; Zahlen gerundet

Die Betrachtung der Zusammensetzung der Mütter getrennt nach neuen und alten Bundesländern zeigt auch bezüglich der Geburt eines ersten Kindes einen Unterschied von Ost- gegenüber Westdeutschland auf: Eine eventuelle Anreizwirkung für die Verwirklichung eines (ersten) Kinderwunsches zusammen mit der Einführung des Elterngeldes in 2007 ist allein für ostdeutsche Frauen festzustellen (siehe Abbildung Nr. 29).

Zusammenfassend lässt sich in Bezug auf die Gruppen der Mütter von 2005 bis 2008 feststellen, dass sich zum Teil deutliche Veränderungen innerhalb dieses Zeitraumes zeigen. In den neuen Bundesländern hat sich 2007 gegenüber 2005 und 2006 ein besonders hoher Anteil der Mütter für ein erstes Kind entschieden; in 2008 sind in der Gruppe der Mütter erstmals mehr Frauen mit Abitur als ohne Abitur zu finden. Für die alten Bundesländer zeigt sich im Übergang zu 2007, dass sich tendenziell immer mehr Frauen für ein drittes Kind entscheiden. Im Vergleich der Jahre vor und nach Einführung des Elterngeldes innerhalb Deutschlands allgemein lässt sich feststellen, dass Mütter tendenziell im Durchschnitt ein höheres Bildungsniveau besitzen. Kaum verändert hat sich das durchschnittliche Alter von Frauen bei der Geburt eines Kindes; dabei sind Frauen in den neuen Bundesländern weiterhin durchschnittlich circa zwei Jahre jünger als Frauen in den alten Bundesländern. Die festgestellten Unterschiede in der Zusammensetzung der verschiedenen Mütterjahrgänge verweisen auf Differenzen, die vermutlich in Fertilitätsentscheidungen begründet sind. Diesen Umstand gilt es in der Auswertung des Erwerbsverhaltens zu berücksichtigen.

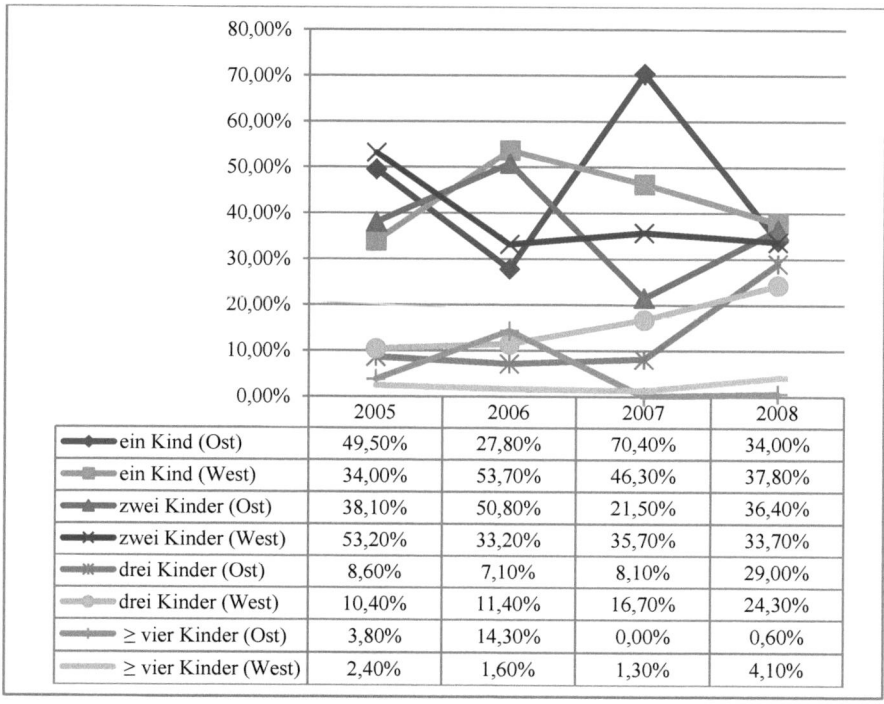

	2005	2006	2007	2008
ein Kind (Ost)	49,50%	27,80%	70,40%	34,00%
ein Kind (West)	34,00%	53,70%	46,30%	37,80%
zwei Kinder (Ost)	38,10%	50,80%	21,50%	36,40%
zwei Kinder (West)	53,20%	33,20%	35,70%	33,70%
drei Kinder (Ost)	8,60%	7,10%	8,10%	29,00%
drei Kinder (West)	10,40%	11,40%	16,70%	24,30%
≥ vier Kinder (Ost)	3,80%	14,30%	0,00%	0,60%
≥ vier Kinder (West)	2,40%	1,60%	1,30%	4,10%

Abbildung 29:   Anzahl der Kinder im Haushalt der Mütter vor der Geburt des Kindes getrennt nach neuen und alten Bundesländern, 2005 bis 2008, in Prozent

Quelle: SOEP 26; eigene Berechnungen; Zahlen gerundet; die Unterschiede in beiden Gruppen (Ost und West) sind signifikant mit $p < 0,01$

Welche Tendenzen lassen sich nun bezüglich der Erwerbsbeteiligung von Müttern von 2005 bis 2008 erkennen? Gibt es Entwicklungen, die in Richtung einer Erhöhung der durchschnittlich geleisteten Wochenstunden von Müttern ein oder zwei Jahre nach der Geburt eines Kindes deuten?

Tatsächlich steigt die mittlere Erwerbsbeteiligung von Müttern ein Jahr nach der Geburt tendenziell leicht an, das allerdings im gesamtdeutschen Durchschnitt schein-bar unabhängig von der Einführung des Elterngeldes (siehe Abbildung Nr. 30). Zwei Jahre nach der Geburt eines Kindes haben jedoch Frauen im Übergang von 2006 zu 2007 im Mittel erheblich mehr Erwerbsstunden pro Woche vorzuweisen: Im Durch-schnitt gab es einen Anstieg der mittleren Erwerbsbeteiligung von fast drei Stunden. Dies sind circa 38 Prozent mehr bei den Müttern in 2007 gegenüber denjenigen in 2006.

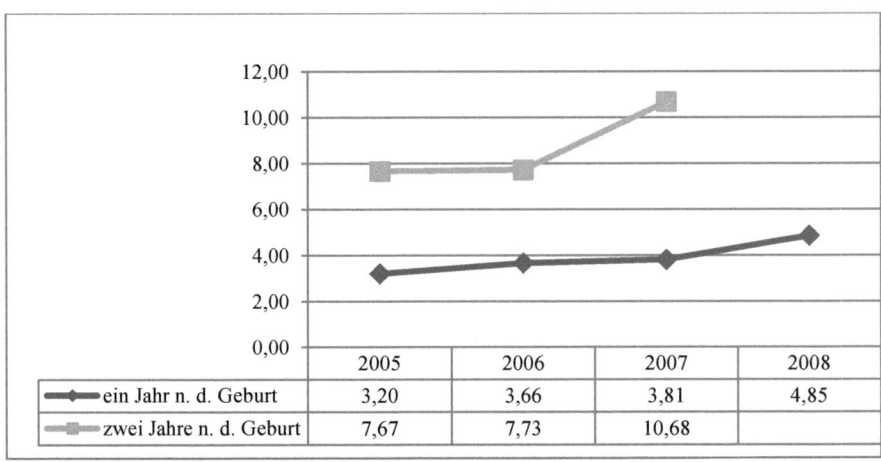

	2005	2006	2007	2008
ein Jahr n. d. Geburt	3,20	3,66	3,81	4,85
zwei Jahre n. d. Geburt	7,67	7,73	10,68	

Abbildung 30:   Mittlere Erwerbsbeteiligung von Müttern ein und zwei Jahre nach der Geburt des Kindes (Angaben in Wochenstunden), 2005 bis 2007/2008

Quelle: SOEP 26; eigene Berechnungen; Zahlen gerundet

Die unterschiedliche Zusammensetzung der Gruppen von Müttern in den vier unter-suchten Jahren getrennt nach neuen und alten Bundesländern deutet darauf hin, dass auch bezüglich der mittleren Erwerbsbeteiligung in den zwei historisch unterschied-lich geprägten Teilen Deutschlands Differenzen zu erwarten sind. Bezüglich der mittleren Erwerbsbeteiligung ein Jahr nach der Geburt zeigen sich tatsächlich auch hier unterschiedliche Entwicklungen: Während die mittlere Erwerbsbeteiligung der Mütter, die 2007 ein Kind bekommen haben, ein Jahr nach der Geburt im Vergleich zum Vorjahr in Ostdeutschland besonders hoch ist, ist sie in Westdeutschland im gleichen Jahr vergleichsweise besonders niedrig (siehe Abbildung Nr. 31).

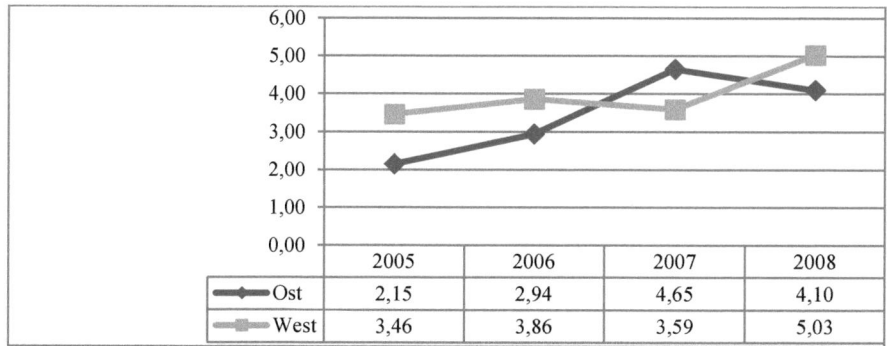

	2005	2006	2007	2008
Ost	2,15	2,94	4,65	4,10
West	3,46	3,86	3,59	5,03

Abbildung 31: Mittlere Erwerbsbeteiligung von Müttern ein Jahr nach der Geburt des Kindes in den neuen und den alten Bundesländern (Angaben in Wochenstunden), 2005 bis 2008

Quelle: SOEP 26; eigene Berechnungen; Zahlen gerundet

Dieser Unterschied ist jedoch in allen Jahren nicht signifikant (siehe Tabelle Nr. 11).

ANOVA	Mittel-werte	Signi-fikanz	Standard-abwei-chung	Standard-fehler	Mini-mum	Maxi-mum	N (gewich-tet, in Tausend
Ost (2005)	2,2	,113	8,08	0,61	0	45	175
West (2005)	3,5		10,15	0,39	0	60	683
Ost (2006)	2,9	,300	8,87	7,25	0	50	150
West (2006)	3,9		9,85	4,20	0	50	550
Ost (2007)	4,7	,308	12,18	1,13	0	70	116
West (2007)	3,6		9,33	0,44	0	50	453
Ost (2008)	4,1	,326	9,79	0,75	0	42,5	170
West (2008)	5,0		11,4	0,43	0	55	699

Tabelle 11: Mittelwertvergleich (ANOVA) der Erwerbsbeteiligung (in Wochenstunden) von Müttern ein Jahr nach der Geburt des Kindes getrennt nach neuen und alten Bundesländern, 2005 bis 2008

Quelle: SOEP 26; eigene Berechnungen; Zahlen gerundet; die Mittelwertvergleiche sind auf einem Level bis 0,01 hoch signifikant, signifikant bis zu einem Level von 0,05 und schwach signifikant bis zu einem Level von 0,10

Für die Erwerbsbeteiligung zwei Jahre nach der Geburt zeigen sich – zumindest für die Geburtsjahrgänge 2005 und 2007 – erhebliche Unterschiede zwischen den neuen und den alten Bundesländern (siehe Abbildung Nr. 32 und Tabelle Nr. 12): Die mittlere Erwerbsbeteiligung von Müttern zwei Jahre nach der Geburt eines 2005 geborenen Kindes war in Ostdeutschland um circa 145 Prozent höher als in Westdeutschland; bei Müttern, deren Kinder 2007 geboren sind, waren es nur noch circa 37 Prozent mehr. Diese Verringerung des Unterschiedes ergibt sich insbesondere aus einer Entwicklung in den alten Bundesländern, da hier die mittlere Wochenstundenzahl im Übergang von 2005 zu 2007 um circa 65 Prozent von sechs auf fast 10 Stunden angestiegen ist. Dieser hoch signifikante Unterschied zwischen Ost und West löste sich allerdings für die Mütter mit einem in 2006 geborenen Kind kurzfristig völlig auf.

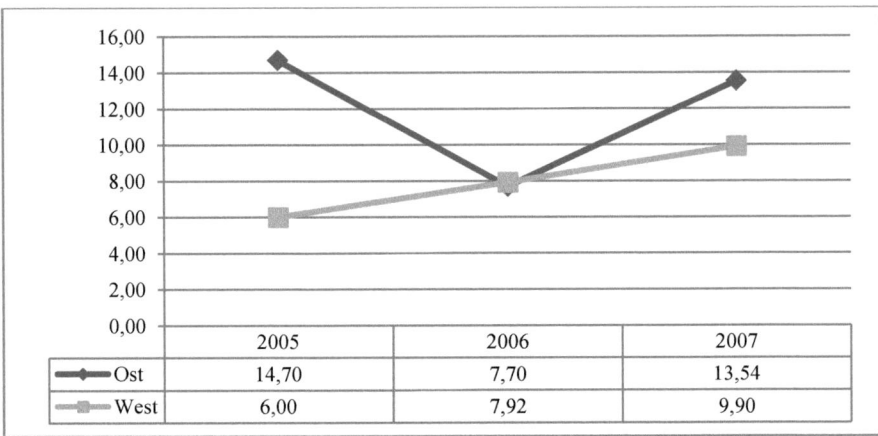

	2005	2006	2007
◆ Ost	14,70	7,70	13,54
■ West	6,00	7,92	9,90

Abbildung 32:   Mittlere Erwerbsbeteiligung von Müttern zwei Jahre nach der Geburt des Kindes in den neuen und den alten Bundesländern (Angaben in Wochenstunden), 2005 bis 2007

Quelle: SOEP 26; eigene Berechnungen; Zahlen gerundet

ANOVA	Mittel-werte	Signi-fikanz	Standard-abwei-chung	Standard-fehler	Mini-mum	Maxi-mum	N (gewich-tet)
Ost (2005)	14,7	0,000	17,01	1,30	0	65	172
West (2005)	6,0		9,84	0,36	0	43	730
Ost (2006)	7,7	0,461	15,00	1,20	0	60	159
West (2006)	7,9		11,98	0,52	0	45	541
Ost (2007)	13,5	0,009	15,67	1,42	0	65	122
West (2007)	9,9		12,99	0,62	0	60	446

Tabelle 12:   Mittelwertvergleich (ANOVA) der Erwerbsbeteiligung (in Wochenstunden) von Müttern ein Jahr nach der Geburt des Kindes in den neuen und den alten Bundesländern, 2005 bis 2008

Quelle: SOEP 26; eigene Berechnungen; Zahlen gerundet; die Mittelwertvergleiche sind auf einem Level bis 0,01 hoch signifikant, signifikant bis zu einem Level von 0,05 und schwach signifikant bis zu einem Level von 0,10

Zusammenfassend lässt sich feststellen, dass im ersten Jahr nach der Geburt eines Kindes im Vergleich der Mütter-Gruppen von 2005 bis 2008 eine tendenzielle Erhöhung der mittleren Arbeitsstunden von Frauen zu erkennen ist, allerdings betragen diese durchschnittlich lediglich unter fünf Stunden in der Woche. Im zweiten Jahr nach der Geburt eines Kindes sind Frauen im Durchschnitt mit mehr Wochenstunden erwerbstätig; hier sind es schon bis zu 10 Stunden pro Woche. Der Vergleich nach mittleren Erwerbsstunden ostdeutscher und westdeutscher Mütter legt insbesondere im zweiten Jahr nach der Geburt eines Kindes beträchtliche Unterschiede offen. Allerdings liegt auch in den neuen Bundesländern die mittlere Erwerbsbeteiligung bei unter vierzehn Stunden; Frauen sind im Allgemeinen somit auch in Ostdeutschland weit entfernt von einer Erwerbstätigkeit in Vollzeit sowohl ein als auch zwei Jahre nach der Geburt eines Kindes.

Eine Betrachtung der Erwerbsbeteiligung von Müttern ein und zwei Jahre nach der Geburt soll nun beleuchten, in welchen Arbeitszeitmodellen Frauen nach der Geburt eines Kindes vorwiegend tätig sind. Hierfür ist eine Trennung vier verschiedener Wochenarbeitszeitmodelle sinnvoll, in der nicht nur zwischen Erwerbstätigkeit in Vollzeit und Teilzeit sowie Nicht-Erwerbstätigkeit unterschieden wird, sondern auch zwischen Erwerbsarbeit in Teilzeit und geringfügiger Beschäftigung[92].

Ein Jahr nach der Geburt sind die meisten der Frauen über alle vier Jahrgänge hinweg nicht erwerbstätig (siehe Abbildung Nr. 33). Von den Frauen, die 2006 ein Kind bekommen haben, waren ein Jahr nach der Geburt immerhin 10,6 Prozent in Teilzeit tätig; für Mütter, deren Kind 2008 geboren wurde, ist es dagegen die geringfügige Beschäftigung, die nach der Nichterwerbstätigkeit (81,8 Prozent) am häufigsten ausgeübt wird (11,7 Prozent).

---

92 Die Kategorien sind hier wie folgt definiert: 0 Stunden in der Woche „nicht erwerbstätig"; 1 bis 15 Stunden in der Woche „geringfügige Beschäftigung"; mehr als 15 bis 30 Stunden in der Woche „in Teilzeitbeschäftigung"; mehr als 30 Stunden „in Vollzeitbeschäftigung". Bezüglich geringfügig Beschäftigter ist wichtig zu wissen, dass diese nicht über ihre Erwerbsarbeit sozialversichert sind und keine Einkommenssteuer zu leisten haben. Sie dürfen bis zu 400,00 Euro monatlich verdienen; zwei Mal im Jahr darf dieser Betrag beträchtlich überschritten werden, wenn der Arbeitgeber außerordentlichen und unvorhersehbaren Bedarf nachweisen kann. Viele Arbeitgeber wählen aufgrund der niedrigeren Arbeitslohnnebenkosten diese Form der Beschäftigung, die für die Angestellten allerdings nur dann interessant ist, wenn sie lediglich an einem kleinen Zuverdienst interessiert sind. Geringfügig Beschäftigte sind vor allem im Niedriglohnsektor zu finden und erhalten meist einen niedrigen Stundenlohn; eine wöchentliche Arbeitszeit von durchschnittlich bis zu 15 Stunden ist – über ein ganzes Jahr betrachtet – anzunehmen. Erhält eine Arbeitnehmerin einen höheren Stundenlohn, so kann eine geringfügige Beschäftigung allerdings auch eine wöchentliche Arbeitszeit von beispielsweise vier Stunden bedeuten. Eine weitere oft gewählte Beschäftigungsform mit wenig Wochenstunden ist die Tätigkeit auf Honorarbasis. Solche Tätigkeiten sind nicht immer meldepflichtig und werden daher zum Teil nicht auf Elterngeldleistungen angerechnet (im Gegensatz zur geringfügigen Beschäftigung).

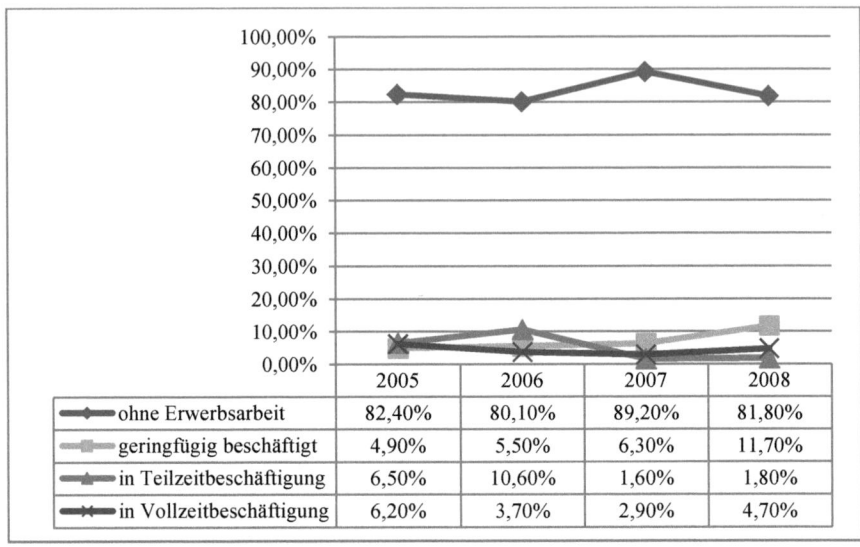

	2005	2006	2007	2008
ohne Erwerbsarbeit	82,40%	80,10%	89,20%	81,80%
geringfügig beschäftigt	4,90%	5,50%	6,30%	11,70%
in Teilzeitbeschäftigung	6,50%	10,60%	1,60%	1,80%
in Vollzeitbeschäftigung	6,20%	3,70%	2,90%	4,70%

Abbildung 33:   Erwerbsbeteiligung von Müttern ein Jahr nach der Geburt in vier Kategorien,
                     2005 bis 2008, in Prozent

Quelle: SOEP 26; eigene Berechnungen; Zahlen gerundet

Eine differenzierte Betrachtung nach neuen und alten Bundesländern zeigt keine
besonderen Unterschiede im Erwerbsverhalten ostdeutscher Frauen gegenüber Frau-
en aus Westdeutschland (siehe Abbildung Nr. 34). Insgesamt ist hier bezüglich des
Erwerbsverhaltens von Müttern zu erkennen, dass mit der Einführung des Elterngeldes ein Jahr nach der Geburt eines Kindes weiterhin nur ein sehr geringer Anteil der
Mütter in Vollzeit erwerbstätig ist. Wenn sie berufstätig sind, dann geschieht dies bei
den meisten Frauen im Rahmen geringfügiger Beschäftigungsverhältnisse.

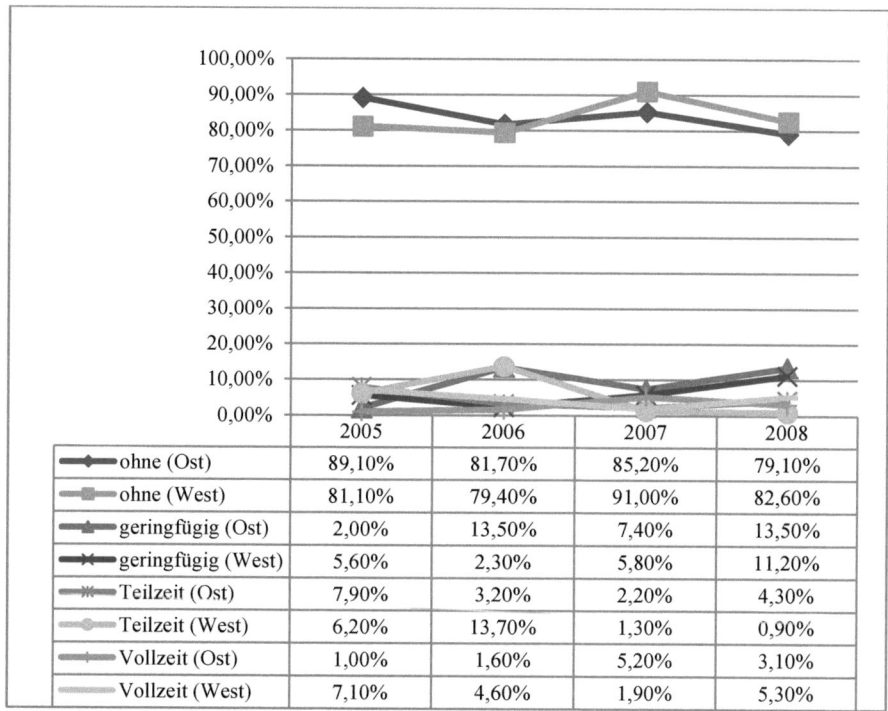

	2005	2006	2007	2008
ohne (Ost)	89,10%	81,70%	85,20%	79,10%
ohne (West)	81,10%	79,40%	91,00%	82,60%
geringfügig (Ost)	2,00%	13,50%	7,40%	13,50%
geringfügig (West)	5,60%	2,30%	5,80%	11,20%
Teilzeit (Ost)	7,90%	3,20%	2,20%	4,30%
Teilzeit (West)	6,20%	13,70%	1,30%	0,90%
Vollzeit (Ost)	1,00%	1,60%	5,20%	3,10%
Vollzeit (West)	7,10%	4,60%	1,90%	5,30%

Abbildung 34:   Erwerbsbeteiligung von Müttern ein Jahr nach der Geburt des Kindes in vier
                    Kategorien getrennt nach neuen und alten Bundesländern, 2005 bis 2008, in
                    Prozent

Quelle: SOEP 26; eigene Berechnungen; Zahlen gerundet; die Unterschiede für „West" sind
signifikant mit p < 0,01 und für „Ost" nicht signifikant

Für die Zeit zwei Jahre nach der Geburt eines Kindes ist die weibliche Erwerbsbeteiligung im Jahresvergleich von 2005 bis 2007 in den verschiedenen Müttergruppen
recht unterschiedlich (siehe Abbildung Nr. 35). Insgesamt gibt es für Frauen, die
2006 ein Kind bekommen haben, im Vergleich zu den Müttergruppen im Jahr davor
und zwei Jahre danach einen besonders hohen Anteil von nicht erwerbstätigen Müttern. Für 2007 lässt sich erkennen, dass im Vergleich zu den beiden Vorjahren nun
eine sehr viel größere Gruppe der Frauen in geringfügigen Beschäftigungsverhältnis-
sen angestellt ist (26,1 Prozent).

In der Betrachtung weiblicher Erwerbsbeteiligung zwei Jahre nach der Geburt
eines Kindes getrennt nach neuen und alten Bundesländern wird deutlich dass der
besonders hohe Anteil nicht erwerbstätiger Mütter, deren Kind in 2006 geboren ist,
sich allein aus dem Erwerbsverhalten ostdeutscher Mütter erklären lässt (siehe
Abbildung Nr. 36). Die Gruppe der nicht erwerbstätigen westdeutschen Mütter

dagegen wird im Jahresverlauf von 2005 zu 2007 immer kleiner: 2005 waren es noch 62,7 Prozent; 2007 sind es lediglich noch 52,1 Prozent.

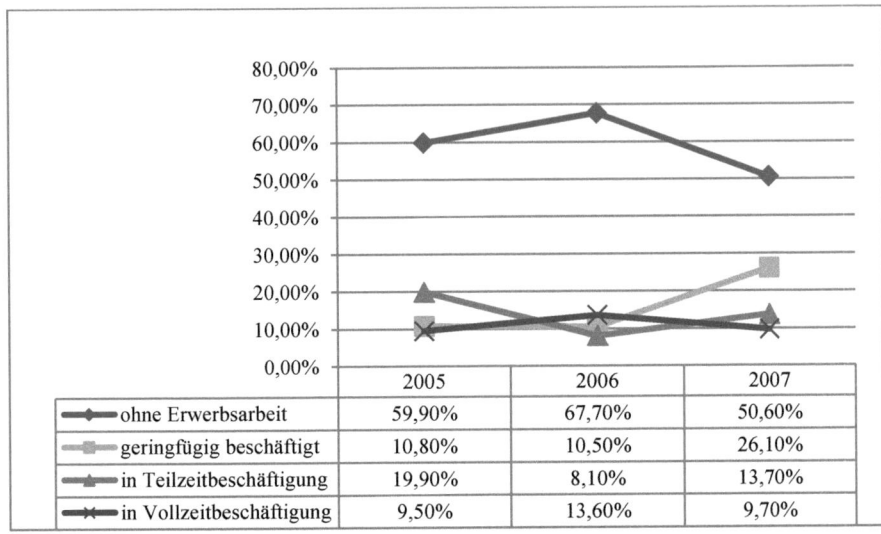

	2005	2006	2007
ohne Erwerbsarbeit	59,90%	67,70%	50,60%
geringfügig beschäftigt	10,80%	10,50%	26,10%
in Teilzeitbeschäftigung	19,90%	8,10%	13,70%
in Vollzeitbeschäftigung	9,50%	13,60%	9,70%

Abbildung 35:   Erwerbsbeteiligung von Müttern zwei Jahre nach der Geburt in vier Kategorien, 2005 bis 2008, in Prozent

Quelle: SOEP 26; eigene Berechnungen; Zahlen gerundet

In Westdeutschland sind im Jahresverlauf tendenziell immer weniger Frauen zwei Jahre nach der Geburt eines Kindes nicht erwerbstätig; allerdings sind es hier noch mehr als die Hälfte der Mütter, die gar keiner Erwerbstätigkeit nachgehen. Erstaunlich ist bei der Betrachtung der Zahlen für Westdeutschland, dass der Anteil der erwerbstätigen Mütter in Vollzeit für den Geburtsjahrgang aus 2007 (also mit der Einführung des Elterngeldes) einen Tiefstand von 4,5 Prozent erreicht hat (2005 waren es 8,5 Prozent und 2006 16,4 Prozent). Gleichzeitig beträgt hier der Anteil ostdeutscher Mütter, die in Vollzeit beschäftigt sind, ganze 21,5 Prozent (13,3 Prozent in 2005 und 7,1 Prozent in 2006).

Letztendlich ist es schwierig, anhand dieser Ergebnisse mit dem Elterngeld einhergehende Tendenzen zu ermitteln. Die unterschiedlichen Zusammensetzun-gen der Gruppen der Mütter in 2006 und 2007 verweisen jedoch wie schon bei den vorangegangenen Untersuchungen auf kurzfristige Effekte, die mit dem Elterngeld und insbesondere mit der Ankündigung dieser neuen Leistungen für Familien einherzugehen scheinen. Besonders ausgeprägt sind diese Effekte in den neuen Bundesländern. Insgesamt sind teilweise außerordentlich konträre Entwicklungen in der Zusammensetzung der Gruppen der Mütter in Ost- und Westdeutschland sowie deren Erwerbsverhalten festzustellen. So gab es 2006 in den neuen Bundesländern einen Trend zum weiteren Kind und 2007 einen hohen Anteil an Erstgeburten, während sich in den alten Bundesländern über die Jahre keine dramatischen Veränderungen in den Zusammensetzungen der Mutterschafts-Jahrgänge zeigen. Auch bezüglich der mittleren Erwerbsbeteili-gung zwei Jahre nach der Geburt eines Kindes lassen sich Unterschiede festsellen: Für die Mutterschaften aus 2005 und 2007 sind ostdeutsche Frauen im zweiten Jahr im Durchschnitt signifikant mehr erwerbstätig als westdeutsche. Für Mütter aus 2006 ist eine unterschiedliche Erwerbsbeteiligung in den zwei nach Ost und West getrennten Bundesgebieten weder signifikant noch überhaupt sichtbar.

Die hier festgestellten kurzfristig auseinanderklaffenden Zusammensetzungen der Gruppen der Mütter mit Kindern aus 2005 bis 2008 lassen sich etwas besser deuten, wenn der Erwerbsstatus vor der Geburt des Kindes betrachtet wird (siehe Abbildung Nr. 37):

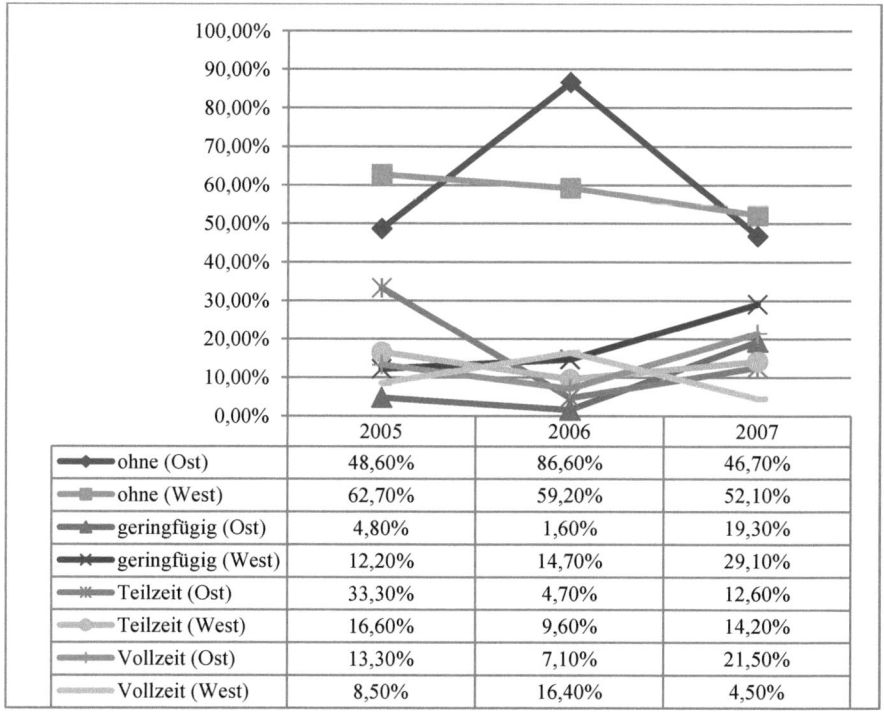

	2005	2006	2007
ohne (Ost)	48,60%	86,60%	46,70%
ohne (West)	62,70%	59,20%	52,10%
geringfügig (Ost)	4,80%	1,60%	19,30%
geringfügig (West)	12,20%	14,70%	29,10%
Teilzeit (Ost)	33,30%	4,70%	12,60%
Teilzeit (West)	16,60%	9,60%	14,20%
Vollzeit (Ost)	13,30%	7,10%	21,50%
Vollzeit (West)	8,50%	16,40%	4,50%

Abbildung 36: Erwerbsbeteiligung von Müttern zwei Jahre nach der Geburt des Kindes in vier Kategorien getrennt nach neuen und alten Bundesländern, 2005 bis 2008, in Prozent

Quelle: SOEP 26; eigene Berechnungen; Zahlen gerundet; die Unterschiede in beiden Gruppen (Ost und West) sind signifikant mit p < 0,01

Hier zeigt sich, dass sich die Gruppen der Mütter in den neuen Bundesländern in den Jahren 2006, 2007 und 2008 wesentlich unterscheiden: Mütter mit in 2007 geborenen Kindern sind zu einem bedeutend höheren Anteil vor der Geburt erwerbstätig gewesen, und zwar zu fast circa 20 Prozent mehr als in den Jahren davor und danach. Dies verweist nicht nur auf die Verschiedenheit der Jahreskohorten, sondern kann interpretiert werden als kurzfristig wirkender Anreiz des Elterngeldes im Rahmen einer Verwirklichung vorhandener Kinderwünsche bei erwerbstätigen ostdeutschen Frauen. Im Gegensatz dazu ist allerdings ein solcher Anreiz für erwerbstätige Mütter in Westdeutschland *nicht* festzustellen.

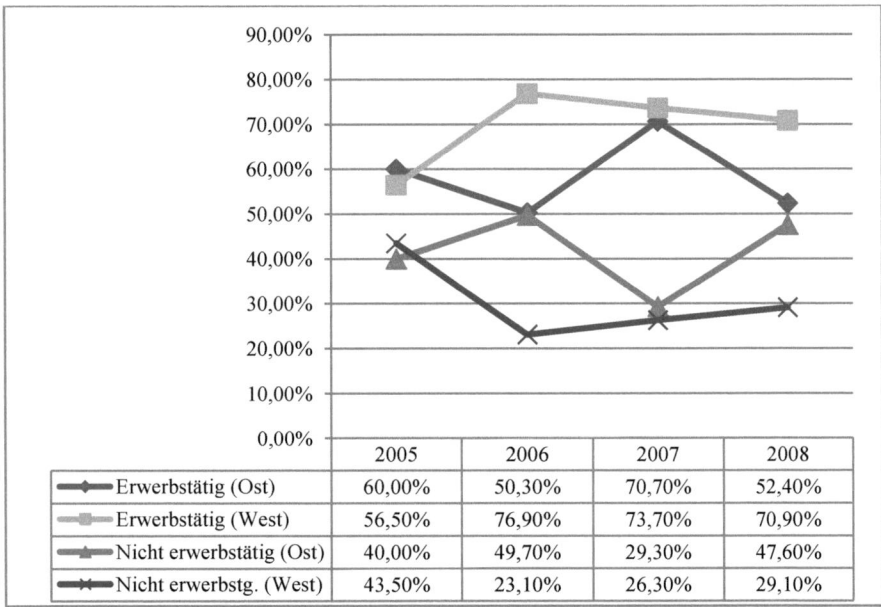

	2005	2006	2007	2008
Erwerbstätig (Ost)	60,00%	50,30%	70,70%	52,40%
Erwerbstätig (West)	56,50%	76,90%	73,70%	70,90%
Nicht erwerbstätig (Ost)	40,00%	49,70%	29,30%	47,60%
Nicht erwerbst. (West)	43,50%	23,10%	26,30%	29,10%

Abbildung 37:   Erwerbstätigkeit von Müttern in 2005 bis 2008 geborenen Kindern vor der
                    Geburt des Kindes getrennt nach neuen und alten Bundesländern, in Prozent

Quelle: SOEP 26; eigene Berechnungen; Zahlen gerundet; die Unterschiede in beiden Gruppen (Ost und West) sind signifikant mit $p < 0,01$

Die Ergebnisse der Untersuchung des veränderten oder gleich gebliebenen Erwerbs*verhaltens* von Müttern ein und zwei Jahre nach der Geburt, vor und nach der Einführung des Elterngeldes, werfen die Frage auf, ob sich auch in Bezug auf die Erwerbs*wünsche* der Mütter in den nach Geburtsjahr des Kindes getrennten Gruppen zeitgleich mit der Einführung des Elterngeldes Veränderungen erkennen lassen. Die Begrenzung des Elterngeldes auf 12 Monate lässt erwarten, dass sich hier im Übergang zu 2007 tendenziell ausgeprägtere Erwerbswünsche zeigen.

Tatsächlich treten in der Gegenüberstellung der Wünsche für den Zeitpunkt der Wiederaufnahme einer Erwerbstätigkeit eindeutige mit der Einführung des Elterngeldes einhergehende Tendenzen hervor: Während in den Gruppen der Mütter aus den Jahren 2005 und 2006 gerade einmal ein Viertel (24,2 und 20,6 Prozent) in weniger als zwei Jahren nach der Geburt eines Kindes in die Berufstätigkeit zurückkehren will, sind es 2007 und 2008 schon über ein Drittel (36 und 36,6 Prozent) (siehe Abbildung Nr. 38).

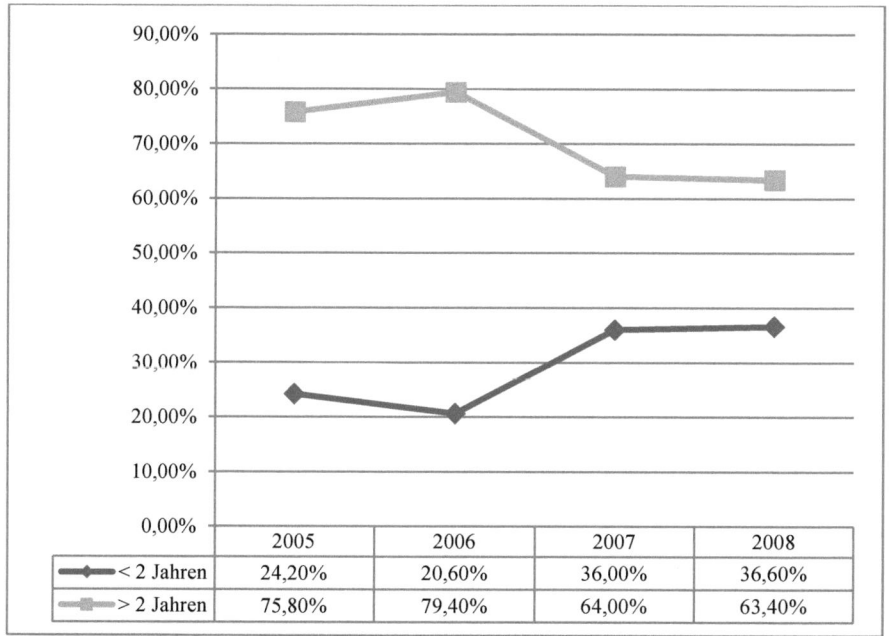

	2005	2006	2007	2008
< 2 Jahren	24,20%	20,60%	36,00%	36,60%
> 2 Jahren	75,80%	79,40%	64,00%	63,40%

Abbildung 38: Gewünschter Zeitpunkt des (Wieder)Einstiegs in die Erwerbstätigkeit von Müttern nach der Geburt eines Kindes, 2005 bis 2008, in Prozent

Quelle: SOEP 26; eigene Berechnungen; Zahlen gerundet

Dieser hier erkennbare abrupte mit dem Übergang zu 2007 stattfindende Unterschied im gewünschten Timing des Erwerbseinstiegs nach einer Geburt eines Kindes setzt sich 2008 weiter fort und legt daher die Vermutung nahe, dass sich die Erwerbseinstiegswünsche von Müttern – und vielleicht auch die finanziellen Anforderungen im Sinne eines „erzwungenen früheren Erwerbseinstiegs" – mit dem Elterngeld langfristig verändert haben.

Doch mit dem Wunsch zur Erwerbstätigkeit ein oder zwei Jahre nach der Geburt eines Kindes ist nicht auch zwangsläufig der Wunsch zur Vollzeiterwerbstätigkeit verbunden. In welchem Verhältnis Erwerbswünsche und Erwerbsverhalten von

Müttern über die Jahre zueinanderstehen, soll die Gegenüberstellung der Wünsche und der tatsächlichen Wochenstunden zeigen (siehe Tabelle Nr. 13).

	0 (Ost)	0 (West)	1-15 (Ost)	1-15 (West)	16-30 (Ost)	16-30 (West)	> 30 (Ost)	> 30 (West)
2005 (gewünscht)	86,50%	81,50%	2,90%	4,90%	9,60%	10,50%	1,00%	3,10%
2005 (tatsächlich)	89,10%	81,10%	2,00%	5,60%	7,90%	6,20%	1,00%	7,10%
2006 (gewünscht)	82,40%	79,20%	**1,60%**	2,00%	0,80%	14,70%	**15,20%**	4,20%
2006 (tatsächlich)	81,70%	79,40%	**13,50%**	2,30%	3,20%	13,70%	**1,60%**	4,60%
2007 (gewünscht)	85,20%	91,00%	**0,00%**	1,60%	4,40%	4,50%	**10,40%**	2,90%
2007 (tatsächlich)	85,20%	91,00%	**7,40%**	5,80%	2,20%	1,30%	**5,20%**	1,90%
2008 (gewünscht)	79,60%	83,60%	13,00%	8,00%	2,50%	5,50%	4,90%	3,90%
2008 (tatsächlich)	79,10%	82,60%	13,50%	11,20%	4,30%	0,90%	3,10%	5,30%

Tabelle 13:   Gewünschte und tatsächlichen Wochenstunden (in vier Kategorien) von Müttern ein Jahr nach der Geburt eines Kindes getrennt nach neuen und alten Bundesländern, in Prozent[93]

Quelle: SOEP 26; eigene Berechnungen; Zahlen gerundet; die Unterschiede in beiden Gruppen für die tatsächlich geleisteten Wochenstunden sind signifikant mit $p < 0,01$ (West) und $p < 0,05$ (Ost); die Unterschiede in beiden Gruppen (Ost und West) für den gewünschten Arbeitsumfang sind signifikant mit $p < 0,01$

Der größte Anteil der befragten Mütter mit Geburten in 2005 bis 2008 wünscht sich ein Jahr nach der Geburt eines Kindes keine Erwerbstätigkeit und ein entsprechender Anteil kann diese Wünsche auch verwirklichen; 2008 liegt der Anteil der Mütter, die erwerbslos bleiben (wollen), erstmalig unter einen Anteil von 80 Prozent. In Ostdeutschland können insbesondere 2006 und 2007 nicht alle Mütter ihre Erwerbswünsche verwirklichen: 2006 wünschen sich erheblich mehr Mütter eine Vollzeittätigkeit, als es verwirklicht werden kann (10,4 Prozent gegenüber 1,6 Prozent); gleichzeitig findet sich ein hoher Anteil der Mütter in geringfügiger Beschäftigung wieder als gewünscht (13,5 Prozent gegenüber 1,6 Prozent). Auch die Mütter mit den in 2007 geborenen Kindern möchten tendenziell mehr Wochenstunden leisten als sie es zu diesem Zeitpunkt tatsächlich tun. Hier deutet sich eine strukturelle Rahmung des Umfangs der Erwerbstätigkeit von ostdeutschen Müttern ein Jahr nach der Geburt an, möglicherweise durch ein nicht ausreichend vorhandenes Arbeitsplätzeangebot. Für die Mütter der Geburtsjahrgänge 2006 und 2007 zeigen sich auch deutliche Unterschiede in den neuen und den alten Bundesländern bezüglich einer gewünschten Vollzeittätigkeit: wesentlich mehr Frauen in Ostdeutschland wollen ein Jahr nach

---

93   Das Auseinanderklaffen von Wünschen und Vorstellungen (bei einem Unterschied von 5% oder mehr) ist hervorgehoben.

der Geburt ihres Kindes in Vollzeit erwerbstätig sein (15,2 gegenüber 4,2 Prozent in 2006 und 10,4 gegenüber 2,9 Prozent in 2007 [94]).

	0 (Ost)	0 (West)	1-15 (Ost)	1-15 (West)	16-30 (Ost)	16-30 (West)	> 30 (Ost)	> 30 (West)
2005 (gewünscht)	51,00%	61,10%	1,90%	**6,50%**	**22,10%**	**25,40%**	**25,00%**	7,00%
2005 (tatsächlich)	48,60%	62,70%	4,80%	**12,20%**	**33,30%**	16,60%	**13,30%**	8,50%
2006 (gewünscht)	87,30%	56,40%	0,00%	10,70%	9,50%	**31,30%**	3,20%	**1,60%**
2006 (tatsächlich)	86,60%	59,20%	1,60%	14,70%	4,70%	**9,60%**	7,10%	**16,40%**
2007 (gewünscht)	47,00%	52,10%	17,90%	**22,00%**	11,20%	**20,70%**	23,90%	5,20%
2007 (tatsächlich)	46,70%	52,10%	19,30%	**29,10%**	12,60%	**14,20%**	21,50%	4,50%

Tabelle 14:   Gewünschte und tatsächlichen Wochenstunden (in vier Kategorien) von Müttern zwei Jahre nach der Geburt eines Kindes getrennt nach neuen und alten Bundesländern, in Prozent[95]

Quelle: SOEP 26; eigene Berechnungen; Zahlen gerundet; die Unterschiede in beiden Gruppen (Ost und West) für die tatsächlich geleisteten Wochenstunden sind signifikant mit p < 0,01; die Unterschiede in beiden Gruppen (Ost und West) für den gewünschten Arbeitsumfang sind signifikant mit p < 0,01

Im Vergleich der Erwerbswünsche und tatsächlicher Erwerbstätigkeit zwei Jahre nach der Geburt eines Kindes von Müttern aus den verschiedenen Geburtsjahrgängen wird nochmals deutlich, dass die Gruppe der Mütter aus 2006 eine wesentlich andere Zusammensetzung beinhaltet als in dem Jahr davor und danach (siehe Tabelle Nr. 20): Hier kann nun zusätzlich festgestellt werden, dass das Erwerbsverhalten der Mütter mit in 2006 geborenen Kindern sich im Wesentlichen auch mit den Erwerbswünschen deckt. Dies gilt in diesem Jahr vor allem für den besonders hohen Anteil an Frauen, die keine Erwerbstätigkeit wünschen; die in Vollzeit erwerbstätigen Frauen in Westdeutschland allerdings scheinen sich tendenziell eine Reduzierung ihrer Wochenstunden zu wünschen. Solch ein Wunsch einer reduzierten Wochenarbeitszeit lässt sich für Mütter mit Geburten in 2005 tendenziell für neue und alte Bundesländer gleichermaßen feststellen. Für die Frauen mit Kindern in 2007 haben sich die Erwerbswünsche gegenüber den Wünschen der Mütter mit Kindern aus 2005 etwas reduziert, und das sowohl in den neuen als auch in den alten Bundesländern. Die Erwerbswünsche westdeutscher Mütter liegen hier jedoch nicht mehr unter den tatsächlich geleisteten Stunden, sondern darüber: mehr Frauen (20,7 Prozent gegenüber 14,2 Prozent) wünschen sich eine Erwerbstätigkeit in Teilzeit (16 bis 30 Wochenstunden) und weniger (22 Prozent gegenüber 29,1 Prozent) eine Tätigkeit mit 15 Wochenstunden oder weniger.

---

94   Die Unterschiede sind lediglich für das Jahr 2007 signifikant.
95   Das Auseinanderklaffen von Wünschen und Vorstellungen (bei einem Unterschied von 5% oder mehr) ist hervorgehoben.

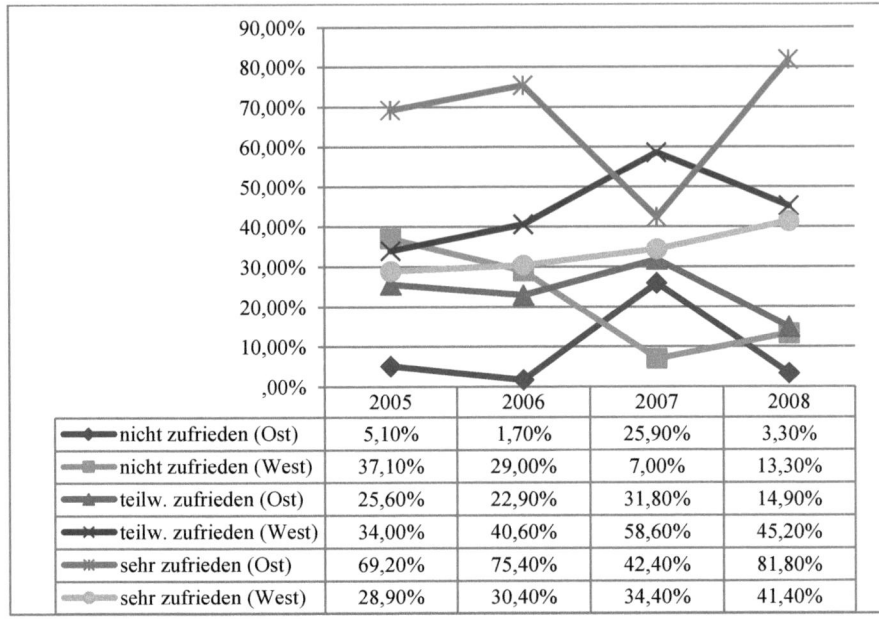

	2005	2006	2007	2008
nicht zufrieden (Ost)	5,10%	1,70%	25,90%	3,30%
nicht zufrieden (West)	37,10%	29,00%	7,00%	13,30%
teilw. zufrieden (Ost)	25,60%	22,90%	31,80%	14,90%
teilw. zufrieden (West)	34,00%	40,60%	58,60%	45,20%
sehr zufrieden (Ost)	69,20%	75,40%	42,40%	81,80%
sehr zufrieden (West)	28,90%	30,40%	34,40%	41,40%

Abbildung 39:   Zufriedenheit mit der Kinderbetreuung ein Jahr nach der Geburt des Kindes, getrennt nach neuen und alten Bundesländern, 2005 bis 2008, in Prozent

Quelle: SOEP 26; eigene Berechnungen; Zahlen gerundet, die Unterschiede innerhalb der Gruppen von Ost und West sind signifikant mit p<0,01

Insgesamt wünscht sich in der Gruppe der Mütter aus 2007, und dies sowohl in Ost als auch in West, circa die Hälfte der Frauen (47 Prozent in Ostdeutschland und 52,1 Prozent in Westdeutschland) auch zwei Jahre nach der Geburt des Kindes keine Einbindung in den Erwerbsmarkt. Der Anteil der Mütter in Westdeutschland ohne Erwerbswünsche sinkt – zusammen mit den tatsächlichen Anteilen in der Gruppe der nicht erwerbstätigen Mütter über die Geburtsjahrgänge hinweg betrachtet – stetig ab.

Ein wesentlicher Faktor für die Verwirklichung vorhandener Erwerbswünsche sind ausreichende und qualitativ hochwertige Kinderbetreuungsmöglichkeiten. Für ostdeutsche Mütter, deren Kinder 2007 geboren sind, schienen diese weder ein noch zwei Jahre nach der Geburt ihres Kindes ausreichend vorhanden zu sein: über ein Viertel der Mütter (25,9 Prozent) sind nicht zufrieden mit den Betreuungsmöglich-keiten für ihre Kinder; in Westdeutschland sind es lediglich 7 Prozent, die sich derart unzufrieden zeigen.

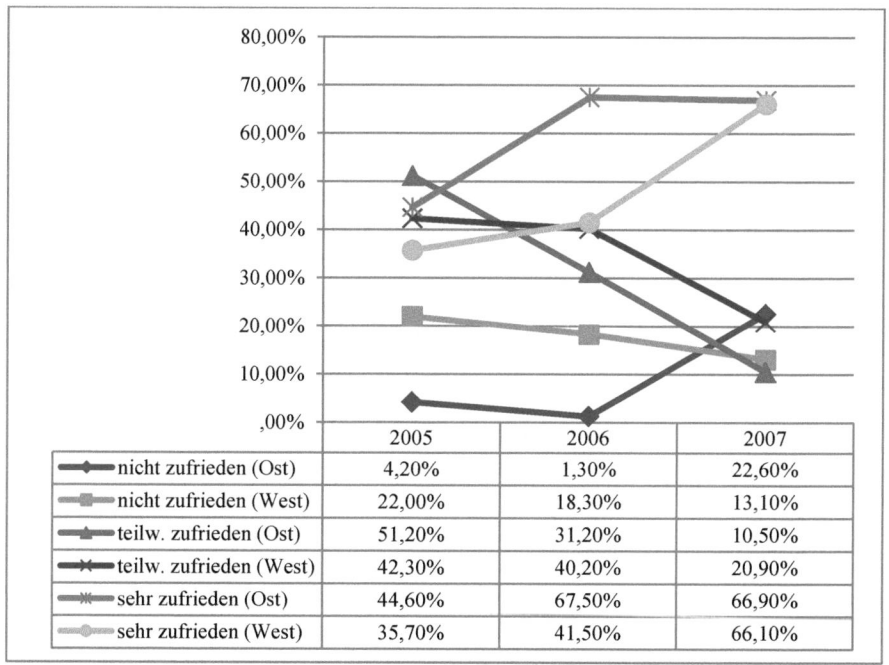

	2005	2006	2007
nicht zufrieden (Ost)	4,20%	1,30%	22,60%
nicht zufrieden (West)	22,00%	18,30%	13,10%
teilw. zufrieden (Ost)	51,20%	31,20%	10,50%
teilw. zufrieden (West)	42,30%	40,20%	20,90%
sehr zufrieden (Ost)	44,60%	67,50%	66,90%
sehr zufrieden (West)	35,70%	41,50%	66,10%

Abbildung 40:   Zufriedenheit mit der Kinderbetreuung zwei Jahre nach der Geburt des Kindes, getrennt nach neuen und alten Bundesländern, 2005 bis 2008, in Prozent

Quelle: SOEP 26; eigene Berechnungen; Zahlen gerundet, die Unterschiede innerhalb der Gruppen von Ost und West sind signifikant mit p<0,01

Auch zwei Jahre nach der Geburt des Kindes ist die gleiche Mütterkohorte aus 2007 in Ostdeutschland noch immer sehr unzufrieden mit vorhandenen Kinderbetreuungs-strukturen (22,6 Prozent); bei den westdeutschen Müttern hingegen ist der Anteil der nicht Zufriedenen auf 13,1 Prozent gesunken. Die Zufriedenheit mit der Kin-derbetreuung ein und zwei Jahre nach der Geburt ist zum einen als Ausdruck von Bedarfen und zum anderen als Ausdruck (nicht) ausreichender Strukturen zu deu-ten. Die wachsende Zufriedenheit westdeutscher Mütter im Gruppen-Jahresvergleich liegt möglicherweise im verstärkten Ausbau von Kinderbetreuungsstrukturen in Westdeutschland mit dem seit 2003 bestehenden Rechtsanspruch auf einen Kin-dergartenplatz ab drei Jahren; die hohen Anteile unzufriedener Mütter in allen vier hier betrachteten Jahrgängen von Geburten verweist vermutlich auf ein immer noch hohes Maß an fehlenden qualitativ hochwertigen Kinderbetreuungsplätzen, insbe-sondere für Kinder unter drei Jahren, und das sowohl in West- als auch in Ost-deutschland.

Diese Beobachtungen deuten darauf hin, dass die vormals festgestellte Diskre-panz zwischen Erwerbswünschen und tatsächlichen Erwerbsstunden bei ostdeutschen Müttern mit in 2007 geborenen Kindern auch in einem fehlenden Kinderbe-treuungsangebot begründet sein könnten. In der Gegenüberstellung der Erwerbs-wünsche mit dem Erwerbsverhalten tritt jedoch insbesondere eine Feststellung sehr deutlich hervor: Vier von fünf Frauen haben ein Jahr nach der Geburt eines Kindes keine Erwerbswünsche und können diese Wünsche vermutlich[96]auch ver-wirklichen. Bezüglich der Betreuung von Kindern ein Jahr nach der Geburt ist damit erstens eine weiterhin persistent wirkende gegenderte Arbeitsteilung wirksam und zweitens kann angenommen werden, dass eine solche Aufteilung der Zuständigkei-ten auch zu einem großen Teil den eigenen Wünschen von Frauen entspricht, und das sowohl in den neuen als auch in den alten Bundesländern. Für das zweite Jahr nach der Geburt eines Kindes werden im Jahresverlauf von 2005 bis 2007 Tenden-zen erkennbar in Richtung eines verstärkten Erwerbswunsches von Frauen. Diese Wünsche beziehen sich jedoch keinesfalls auf Vollzeittätigkeiten, sondern vor-wiegend auf Teilzeittätigkeiten mit höchstens 30 Wochenstunden.

Wie wird die Erwerbsbeteiligung der Mütter mit den zwischen 2005 und 2008 geborenen Kindern durch das relative Einkommen des Partners beeinflusst? Wie auch schon in der Auswertung der Väterbeteiligung ausgeführt wurde, liegen im Rahmen dieser Analyse leider keine repräsentativen Daten vor. Es lohnt sich jedoch trotzdem, die Auswertung derjenigen Daten anzuschauen, die verwendet werden konnten: Mütter mit nicht verweigerten Angaben zum eigenem Einkommen und einem Partner im Haushalt, für den ebenfalls Angaben zum Bruttoeinkommen vorliegen.

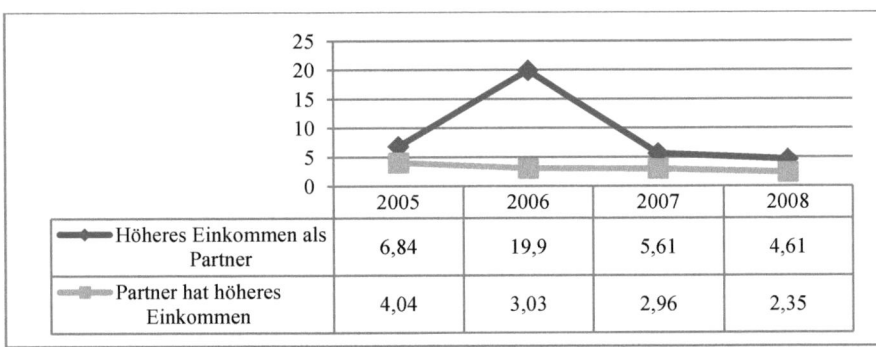

	2005	2006	2007	2008
◆ Höheres Einkommen als Partner	6,84	19,9	5,61	4,61
■ Partner hat höheres Einkommen	4,04	3,03	2,96	2,35

Abbildung 41:   Einkommensvergleich (ANOVA) 2005 bis 2008, in mittleren Wochenstunden ein Jahr nach der Geburt des Kindes

Quelle: SOEP 26; eigene Berechnungen; Zahlen gerundet; die Daten sind nicht repräsentativ

---

96 Leider liegen hier keine personenbezogenen Daten vor, sondern lediglich aggregierte; daher können hier keine Rückschlüsse, sondern nur Vermutungen vorgenommen werden.

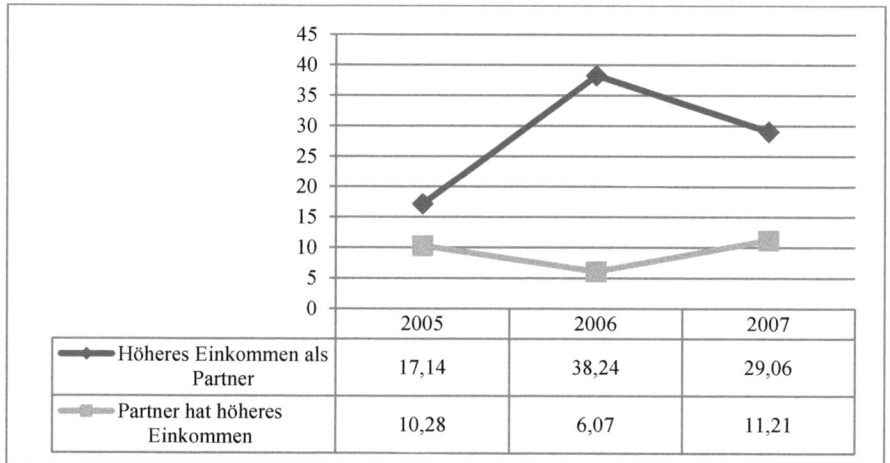

	2005	2006	2007
Höheres Einkommen als Partner	17,14	38,24	29,06
Partner hat höheres Einkommen	10,28	6,07	11,21

Abbildung 42:   Einkommensvergleich (ANOVA) 2005 bis 2007, in mittleren Wochenstunden
zwei Jahre nach der Geburt des Kindes

Quelle: SOEP 26; eigene Berechnungen; Zahlen gerundet; die Daten sind nicht repräsentativ

Für die Erwerbsbeteiligung ein Jahr nach der Geburt eines Kindes liegt in Familien, in denen der männliche Partner ein Jahr vor der Geburt des Kindes mehr verdient, die mittlere Erwerbsbeteiligung der Mütter in allen Jahrgängen deutlich unter fünf Wochenstunden. Hat die Frau im Jahr vor der Geburt des Kindes ein höheres Einkommen als ihr Partner bezogen, so war die durchschnittliche Erwerbsbeteiligung der Frau in einem Jahrgang circa zwei Stunden pro Woche höher; in 2006 betrug die mittlere Erwerbsbeteiligung der Mütter mit höherem Einkommen im Partnervergleich sogar fast 20 Stunden in der Woche.

Der Vergleich der mittleren Erwerbsstunden von Müttern zwei Jahre nach der Geburt eines Kindes zeigt größere Unterschiede als im Vorjahr auf; 2006 beträgt die Differenz zwischen der mittleren Erwerbsbeteiligung von Frauen mit höherem Einkommen als ihr Partner und den Frauen mit niedrigerem Einkommen als ihr Partner vor der Geburt des Kindes sogar mehr als 32 Stunden. Da die Daten nicht repräsentativ sind, muss hier auf Mutmaßungen zu den Hintergründen verzichtet werden. Es deutet sich jedoch an, dass eine Untersuchung der Einflüsse des relativen Einkommens für eine Bewertung der Frage weiblichen Erwerbsverhaltens möglicherweise bedeutende Erkenntnisse generieren könnte.

4.3.2 *Faktoren mütterlicher Erwerbsbeteiligung im Jahresvergleich*

Mittels einer Regressionsanalyse sollen nun der Einfluss ausgewählter Faktoren mütterlicher Erwerbsbeteiligung ein und zwei Jahre nach der Geburt eines Kindes ermittelt werden. Für die Erwerbsbeteiligung *ein* Jahr nach der Geburt werden die

Geburtsjahrgänge 2005 bis 2008, für die Erwerbsbeteiligung *zwei* Jahre nach der Geburt die Jahrgänge 2005 bis 2007 jeweils getrennt untersucht.

Der Jahresvergleich der Werte der Regressionskoeffizienten wird dabei als geeignet angesehen, folgende Fragen zu beantworten: Welche Faktoren lassen sich als Prädiktoren mütterlicher Erwerbsbeteiligung in den verschiedenen Jahren ausmachen und zeigen sich im Vergleich der Jahre Entwicklungen, die mit der Einführung des Elterngeldes einhergehen? Die Interpretation der Koeffizienten erfolgt unter Berücksichtigung der unterschiedlichen Zusammensetzung der Mütter-Jahres-Gruppen, da ein Vergleich der Werte über die Jahre zwar Einflusstendenzen der verschiedenen Faktoren anzeigt, jeder Wert jedoch unmittelbar an die spezifische Zusammensetzung einer Jahreskohorte gebunden ist.

	2005		2006		2007		2008	
Korrigiertes R^2	,221		,106		,165		,078	
	Beta	Sig.	Beta	Sig.	Beta	Sig.	Beta	Sig.
(Konstante)		,000		,058		,000		,024
Alter	,067	,117	-,011	,829	**,304**	,000	-,064	,144
Anzahl der Kinder im Haushalt	**,186**	,000	,058	,292	**-,133**	,007	**,106**	,005
Abitur	,025	,531	,031	,484	,005	,919	,029	,492
Partner lebt im Haushalt	**,148**	,000	**-,105**	,026	**-,136**	,005	,062	,115
Erwerbsstatus im Jahr vor der Geburt des Kindes	,050	,265	,039	,465	**,241**	,000	,065	,105
Generiertes Einkommen	**,347**	,000	**,203**	,000	**-,127**	,018	-,039	,379
Sorgen über die wirtschaftliche Situation	,021	,585	,028	,552	,010	,817	**-,226**	,000
Zufriedenheit mit der Kinderbetreuung	**,156**	,000	**,084**	,059	**,245**	,000	**-,108**	,005
Zufriedenheit mit dem eigenen Leben	,056	,151	**-,281**	,000	-,018	,670	**,097**	,019
Wohnort Ost-West	**,098**	,014	,066	,171	**-,217**	,000	,007	,833

Tabelle 15:   Regression Erwerbsbeteiligung ein Jahr nach der Geburt, 2005 bis 2008 (abhängige Variable: Erwerbsbeteiligung ein Jahr nach der Geburt eines Kindes)[97]

Quelle: SOEP 26; eigene Berechnungen; Zahlen gerundet; Regressionskoeffizienten gelten bis zu einem Level von 0,01 als hoch signifikant, signifikant bis zu einem Level von 0,05 und schwach signifikant bis zu einem Level von 0,10

---

97 Eine Übersicht über die Regressionen im Detail befindet sich im Anhang, der unter www.springer. com auf der Produktseite dieses Buches verfügbar ist

Die für die Untersuchung der Erwerbsbeteiligung von Frauen ein Jahr nach der Geburt eines Kindes herangezogenen Faktoren erklären in den untersuchten Jahren lediglich ein geringes Maß der Varianz weiblichen Erwerbsverhaltens: 2005 sind es noch etwas über 22 Prozent, 2006 unter 11 Prozent, 2007 knapp 17 Prozent und 2008 nicht einmal 8 Prozent.

Lediglich einer der ausgewählten Faktoren zeigt für alle der untersuchten Jahre einen signifikanten Zusammenhang mit der Anzahl der Erwerbsstunden von Müttern ein Jahr nach der Geburt eines Kindes: die Zufriedenheit mit der Kinderbetreuung. Dieser Zusammenhang ist jedoch nicht in allen Mütter-Jahrgängen positiv gerichtet. In 2008 besteht hier ein negativer Zusammenhang, was auf zunehmende Schwierigkeiten berufstätiger Mütter deutet, eine zufriedenstellende Fremdbetreuung ihrer Kinder zu organisieren. Hier zeigen sich möglicherweise die Problemlagen von Müttern, die sich aus dem mit dem Elterngeld wachsenden Druck zum beruflichen Wiedereinstieg ein Jahr nach der Geburt bei gleichzeitiger Knappheit von Kinderbetreuungsplätzen ergeben.

Betrachtet man in diesem Zusammenhang noch den Zusammenhang von finanziellen Sorgen und dem Maß der Erwerbsbeteiligung, dann fällt für den Mütterjahrgang 2008 auf, dass hier Erwerbsbeteiligung ein Jahr nach der Geburt eines Kindes deutlich mit weniger Sorgen um die finanzielle Situation einhergehen.

Für das Alter der Mutter und das Maß an Erwerbsbeteiligung ist im Mütter-Jahrgang von 2007 ein auffallender Zusammenhang zu erkennen. Hier sei zusätzlich daran erinnert, dass die Mütter von Kindern des Geburtenjahrgangs 2007 im Durchschnitt älter waren, zu einem höheren Anteil vor der Geburt des Kindes berufstätig waren und durchschnittlich mehr verdient haben als in den anderen Mütter-Jahrgängen davor und danach; auch hat ein größerer Anteil der Mütter in diesem Jahrgang ihr erstes Kind bekommen. Zusammen mit dem nur in 2007 deutlich positiv gerichteten Zusammenhang zwischen dem Erwerbsstatus vor der Geburt des Kindes und der durchschnittlichen Erwerbsbeteiligung zeigt sich in diesem Ergebnis nochmals die Besonderheit der Zusammensetzung der Mütterkohorte direkt nach der Einführung des Elterngeldes, die auf eine gezielte Planung und Verwirklichung des Kinderwunsches insbesondere von älteren, berufstätigen Müttern deutet.

Die Anzahl der Kinder im Haushalt hängt in den untersuchten Jahren sehr unterschiedlich mit dem Maß an Erwerbsbeteiligung zusammen. Während in den Jahren 2005 und 2008 mehr Kinder zugleich auch ein höheres Maß an Erwerbsbeteiligung andeuten, ist dieser Zusammenhang in 2007 negativ gerichtet. Diese Besonderheit ist dem schon vorher genannten Umstand einer spezifischen Zusammensetzung des Mütterjahrgangs 2007 zuzuschreiben, in dem besonders viele Mütter (insbesondere in den neuen deutschen Bundesländern) ihr erstes Kind bekommen haben.

Die Zufriedenheit mit dem eigenen Leben des Mütter-Jahrgangs 2006 ist innerhalb dieses Modells deutlich negativ an eine erhöhte durchschnittliche Erwerbsbeteiligung gekoppelt. Dieser Effekt zeigt sich allerdings nur in diesem einen Jahrgang; in 2008 ist der Zusammenhang dagegen leicht positiv.

In Bezug auf den Faktor Bildung zeigen sich ein Jahr nach der Geburt keine signifikanten Ergebnisse. Interessante Tendenzen sind allerdings im Zusammenhang vom Einkommen vor der Geburt eines Kindes und der mittleren Erwerbsbeteiligung ein Jahr nach der Geburt erkennbar: Während in den Mütterjahrgängen aus 2005 und 2006 ein höheres Einkommen vor der Geburt eines Kindes mit einer höheren Erwerbsbeteiligung ein Jahr nach der Geburt einherging, zeigt sich hier im Mütterjahrgang 2007 ein negativer Zusammenhang. Die mit dem Elterngeld verbundenen einkommensbezogenen Leistungen werden vermutlich von mehr einkommensstarken Müttern als vorher für eine Erwerbsunterbrechung im Jahr nach der Geburt genutzt. Innerhalb dieser Regressionsanalyse ist der Faktor Einkommen der einzige, der mit der Einführung des Elterngeldes deutlich seine Richtung ändert.

Zusammenfassend lässt sich sagen, dass die Erwerbsbeteiligung von Frauen ein Jahr nach der Geburt eines Kindes schwierig zu erklären ist. Bezogen auf die einzelnen Jahreskohorten lassen sich zwar signifikante Prädiktoren weiblichen Erwerbsverhaltens erkennen; im Jahresvergleich allerdings wird eine Beschreibung von Tendenzen aufgrund teilweise sehr unterschiedlicher Koeffizienten und Verallgemeinerbarkeitsgraden eher nicht möglich, insbesondere für hier einbezogene Faktoren wie Wohnort und ein im Haushalt lebender Partner. Besonders interessant ist diesbezüglich der *nicht* vorhandene Einfluss des Bildungsstands: im Rahmen dieser Analyse wird *kein* zwangsläufig positiver Zusammenhang zwischen Bildung und Erwerbsbeteiligung von Frauen ein Jahr nach der Geburt eines Kindes deutlich.

Eine Untersuchung der Faktoren der Erwerbsbeteiligung von Müttern aus 2005 bis 2007 zwei Jahre nach der Geburt eines Kindes soll nun dazu dienen, die Einflussfaktoren in den Jahreskohorten auch noch ein Jahr darauf betrachten zu können (siehe Tabelle Nr. 16).

In der Analyse der Erwerbsbeteiligung von Frauen zwei Jahre nach der Geburt eines Kindes erklären die herangezogenen Faktoren in den untersuchten Jahren ein etwas höheres Maß der Varianz weiblichen Erwerbsverhaltens: 2005 sind es etwas über 38 Prozent, 2006 fast 24 Prozent und 2007 knapp 28 Prozent.

Zwei Jahre nach der Geburt eines Kindes korreliert der Faktor Alter allein im Mütter-Jahrgang aus 2005 positiv mit den Erwerbsstunden zwei Jahre nach der Geburt; ein Einfluss des Alters auf die Erwerbsstunden zwei Jahre danach lässt sich weder für die Mütter aus 2006 noch für die Mütter aus 2007 feststellen. Der für das Jahr 2007 festgestellte positive Zusammenhang mittlerer Erwerbsbeteiligung ein Jahr nach der Geburt mit dem Alter der Mütter zeigt sich nun für zwei Jahre nach der Geburt eines Kindes nicht mehr.

Mit der Einführung des Elterngeldes wird der Einfluss eines im Haushalt lebenden Partners auf das Maß der Erwerbsbeteiligung von Müttern zwei Jahre nach der Geburt eines Kindes deutlich: die mittlere Erwerbsbeteiligung von Müttern ohne Partner im Haushalt ist nun signifikant niedriger als die der Mütter mit einem Partner im Haushalt.

Der Einfluss des Erwerbsstatus vor der Geburt des Kindes auf die Erwerbsstunden zwei Jahre danach ist in den Jahren 2005 und 2007 im gleichen Maß positiv gerichtet. Eine mit dem Elterngeld einhergehende Veränderung lässt sich hier nicht erkennen. Dies gilt auch für den Einflussfaktor Einkommen vor der Geburt: Während sich hier noch ein Jahr nach der Geburt ein verändertes Erwerbsverhalten von Müttern erkennen ließ, zeigt sich zwei Jahre nach der Geburt eines Kindes für die Jahre 2005 bis 2007 ein positiver Zusammenhang, der allerdings in den Jahren vor der Einführung des Elterngeldes noch etwas stärker war als im Jahr danach.

	2005		2006		2007	
Korrigiertes R^2	,384		,235		,275	
	Beta	Sig.	Beta	Sig.	Beta	Sig.
(Konstante)		,000		,000		,625
Alter	**,155**	,000	-,026	,603	,034	,435
Anzahl der Kinder im Haushalt	,009	,835	,055	,305	-,029	,516
Abitur	,018	,631	**,098**	,018	**,080**	,058
Partner lebt im Haushalt	-,015	,673	-,049	,263	**-,118**	,004
Erwerbsstatus im Jahr vor der Geburt des Kindes	**,183**	,000	,058	,227	**,181**	,000
Generiertes Einkommen	**,369**	,000	**,419**	,000	**,299**	,000
Sorgen über die wirtschaftliche Situation	**,236**	,000	**-,142**	,001	,010	,816
Zufriedenheit mit der Kinderbetreuung	-,020	,566	,065	,146	-,040	,322
Zufriedenheit mit dem eigenen Leben	**,246**	,000	**-,261**	,000	**,081**	,055
Wohnort Ost-West	**-,318**	,000	-,033	,467	**-,206**	,000

Tabelle 16: Regression Erwerbsbeteiligung zwei Jahre nach der Geburt, 2005 bis 2007 (abhängige Variable: Erwerbsbeteiligung zwei Jahre nach der Geburt eines Kindes)[98]

Quelle: SOEP 26; eigene Berechnungen; Zahlen gerundet; Regressionskoeffizienten gelten bis zu einem Level von 0,01 als hoch signifikant, signifikant bis zu einem Level von 0,05 und schwach signifikant bis zu einem Level von 0,10

Ein direkter Einfluss des Elterngeldes auf das Erwerbsverhalten junger Mütter zwei Jahre nach der Geburt eines Kindes lässt sich – zumindest im Rahmen dieser Analyse – nicht feststellen. Die herangezogenen Faktoren zeigen zwar Zusammenhänge auf, die die Befindlichkeiten der einzelnen Mütter-Kohorten gut beschreiben; sie zeigen jedoch keine mit dem Elterngeld einhergehenden deutlichen Tendenzen auf. Interes-

---

98 Eine Übersicht über die Regressionen im Detail befindet sich im Anhang, der unter www.springer.com auf der Produktseite dieses Buches verfügbar ist

sant ist allerdings, dass für die Erwerbsbeteiligung zwei Jahre nach der Geburt der Faktor Bildung an Bedeutung gewinnt; dieser Zusammenhang ist jedoch ebenso im Jahr vor der Einführung des Elterngeldes als auch danach feststellbar.

Die Interpretation der Einflussfaktoren auf das Erwerbsverhalten von Müttern zwei Jahre nach der Geburt eines Kindes kann nur bedingt erfolgen, da hier für einen besseren Vergleich die Zahlen des Geburtenjahrgangs 2008 fehlen. Auf eine Auswertung von mit dem Elterngeld einhergehenden Tendenzen soll hier daher verzichtet werden, da der Vorher-Nachher-Vergleich aufgrund der fehlenden Daten für den Jahrgang 2008 nicht befriedigend zu leisten ist.

4.3.3 Zusammenfassung und Fazit Erwerbsbeteiligung

Die mittlere Erwerbsbeteiligung von Frauen nach der Geburt eines Kindes hat sich in Deutschland mit der Einführung des Elterngeldes erhöht. Das gilt sowohl für die durchschnittlichen Erwerbsstunden der Mütter ein Jahr nach der Geburt als auch zwei Jahre danach. Im zweiten Jahr nach der Geburt waren es für die Frauen mit 2007 geborenen Kindern gegenüber den Frauen mit Kindern aus 2006 circa 40 Prozent mehr an durchschnittlichen Wochenstunden. Allerdings beträgt auch nach der Einführung des Elterngeldes die mittlere Erwerbsbeteiligung von Frauen zwei Jahre nach der Geburt eines Kindes lediglich fast 11 Wochenstunden. Diese Zahlen zeigen auf, dass die Organisation von Erwerbsarbeit und Familie auch ein Jahr nach der Einführung des Elterngeldes noch weit von einer Verwirklichung eines Doppelverdiener-Modells entfernt ist. Inwieweit sich das Elterngeld langfristig auf die Erwerbsbeteiligung von Frauen auswirkt, muss mit den Daten späterer Elternjahrgänge beantwortet werden.

Auf der Suche nach den für die weibliche Erwerbsbeteiligung relevanten Faktoren war insbesondere der Vergleich mütterlicher Erwerbs*wünsche* mit den mittleren tatsächlich geleisteten Wochenstunden ein und zwei Jahre nach der Geburt eines Kindes sehr aufschlussreich. Zum einen wurde nochmals deutlich, dass 4 von 5 Frauen ein Jahr nach der Geburt noch keine Einbindung in den Erwerbsmarkt wünschen und dass sie zu einem gleichen Anteil den Wunsch nach Nichterwerbstätigkeit auch erfüllen können. Zum anderen zeigt sich, dass die Tätigkeit in geringfügiger Beschäftigung über die Jahre hinweg, in den alten wie in den neuen Bundesländern, von einem höheren Anteil der Frauen ausgeübt wird als gewünscht. Stattdessen wünscht zum Beispiel ein höherer Anteil der Frauen in Westdeutschland (Jahrgang 2007, zwei Jahre nach der Geburt) und Ostdeutschland (Jahrgang 2007, ein Jahr nach der Geburt) eine Beschäftigung in Teilzeit. Ostdeutsche Frauen mit Kindern in 2006 und 2007 haben sich ein Jahr nach der Geburt verstärkt eine Arbeit in Vollzeit gewünscht.

Im Rahmen der Untersuchungen der Zusammensetzung der nach Geburtsjahr des Kindes unterschiedenen Gruppen von Müttern konnte festgestellt werden, dass 2007 in Ostdeutschland mehr Frauen als sonst ein erstes Kind bekommen haben. Hier scheint der Übergang zur Elternschaft kurzfristig für viele bislang kinderlose Frauen eine reizvolle Option gewesen zu sein. Möglicherweise hat in den neuen deutschen Bundesländern die Einführung des Elterngeldes zu einer vermehrten Verwirklichung aufgeschobener Kinderwünsche geführt.

Mit der Einführung des Elterngeldes hat sich die Zusammensetzung der Eltern verändert und so müssen auch die in der Regression festgestellten Tendenzen bezüglich der Relevanz, Richtung und Ausprägung diesbezüglich relativiert werden. Für die Erwerbsbeteiligung von Müttern ein Jahr nach der Geburt ließ sich lediglich eine mit dem Elterngeld einhergehende Tendenz erkennen: das Einkommen vor der Geburt. Hier deutet sich an, dass im ersten Jahr nach der Geburt eines Kindes mehr Frauen mit höherem Einkommen als vor der Einführung des Elterngeldes die Elternzeit für eine Erwerbsunterbrechung oder Reduktion der Erwerbsstunden genutzt haben. Es ist zu vermuten, dass diesbezüglich die mit dem Elterngeld einhergehende finanzielle Lohnersatzleistung eine Rolle gespielt hat. Die Regressionsanalyse bezüglich der Erwerbsstunden zwei Jahre nach der Geburt kann nur die Faktoren bis 2007 anzeigen; hier von Tendenzen zu sprechen ist jedoch nicht angebracht.

Für die Erwerbsbeteiligung von Müttern in den neuen und den alten Bundesländern lassen sich deutliche Unterschiede erkennen. Vor allem in den Erwerbs*wünschen* werden unterschiedliche Vorstellungen vom Maß an Erwerbstätigkeit deutlich. Im ersten Jahr nach der Geburt zeigt sich allerdings in *beiden* Teilen Deutschlands, dass vier von fünf Frauen die Betreuung des geborenen Kindes übernehmen und daher nicht erwerbstätig sein möchten. Die gegenderte Arbeitsteilung nach der Geburt eines Kindes – oft als ein Quell der Ungerechtigkeit für Frauen formuliert – entspricht möglicherweise nicht nur (Zwangs-) Einbindungen in normative Rollenmuster, sondern vielmehr auch eigenen Wünschen und Vorstellungen, und das im Gegensatz zum Leben im Rahmen eines Doppelverdiener-Modells.

5 Fazit

Das Anliegen dieser Untersuchung über die Wirkungen des Elterngeldes bestand darin zu ermitteln, inwieweit sich die Ziele dieses in 2007 neu eingeführten familienpolitischen Instrumentes tatsächlich verwirklichen ließen.

Das Elterngeld ist Teil eines Paketes „nachhaltiger Familienpolitik", mit der die strukturellen Bedingungen für Familien in Deutschland neu definiert werden sollen. Mit diesem Paket gilt es laut dem Bericht des Deutschen Bundestages (2008) erstens darum „Lebenspläne zu ermöglichen, die sich an den Wünschen der Menschen und den Gegebenheiten der heutigen Wissenschaft orientieren", zweitens „ein besonderes Augenmerk auf die Entwicklung von Humanvermögen zu legen" und drittens um eine „demografische Sicherung sowie eine Politik, die die Menschen befähigt und ermutigt, überhaupt Familien zu gründen [...]" (Deutscher Bundestag 2008: 5). Das Elterngeld soll im Rahmen einer „Zukunftsinvestition" als „wichtiger Motor" den soeben genannten Zielen dienen (ebd.).

Im Rahmen dieser Untersuchung wurden drei Kernziele des Elterngeldes betrachtet: das Ziel der Beeinflussung von Fertilitätsentwicklungen, eine geschlechtergerechtere Aufteilung von Erwerbs- und Sorgearbeit sowie eine erhöhte Erwerbsbeteiligung von Frauen kurz nach der Geburt eines Kindes. Es wurde dabei den Fragen nachgegangen, ob sich erstens zeitgleich mit der Einführung des Elterngeldes die totale Fertilitätsrate erhöht hat, zweitens ob sich eine vermehrte Beteiligung von Vätern an Betreuungsleistungen für ihre Kinder feststellen lässt und drittens ob eine verstärkte Erwerbsbeteiligung von Frauen kurz nach der Geburt eines Kindes erkennbar wird. Eine Gegenüberstellung der Eltern mit Geburten von Kindern in 2005 und 2006 (vor Einführung des Elterngeldes) sowie 2007 und 2008 (nach Einführung des Elterngeldes) diente der Analyse als Grundlage.

Eine Umkehr des Geburtenrückgangs ist mit der Einführung des Elterngeldes nicht festzustellen. Die totale Fertilitätsrate bleibt in Deutschland weiterhin weit unter 2,1 Geburten je Frau. Bezüglich der Geburtenentwicklung zeigen sich deutliche Unterschiede in den neuen und den alten Bundesländern: während die totale Fertilitätsrate pro Frau in Westdeutschland über das letzte Jahrzehnt tendenziell gleich geblieben ist, steigt sie in Ostdeutschland seit dem Geburtentief in 1994 stetig an. Mit der Einführung des Elterngeldes setzte sich dieser positive Trend vermutlich lediglich fort. Ein anderer mit dem Elterngeld einhergehender Effekt ließ sich allerdings erkennen: Die Eltern mit Geburten von Kindern in 2007 und 2008 sind im Durchschnitt älter, besitzen ein durchschnittlich höheres Bildungsniveau und haben ein höheres mittleres Einkommen, wobei letzteres sich insbesondere in den neuen Bundesländern erhöht hat. Eine nähere Betrachtung dieser Entwicklung im Vergleich zu den Zahlen aus dem Jahr davor legte hier die Vermutung nahe, dass in ostdeutschen Familien tatsächlich ökonomische Kalküle die Elternschafts*entscheidungen* – und das besonders in 2006 und 2007 – im Sinne einer Terminierung der Elternschaft auf den Zeitpunkt nach der Einführung des Elterngeldes in Familien mit höheren Erwerbseinkommen mit geprägt haben. In diesem Zusammenhang wurde allerdings auch der Verdacht geäußert, dass eine solche Beeinflussung von Elternschaftsplanungen möglicherweise nicht allein zu einer Verwirklichung vorhandener Kinderwünsche führt, sondern durch die einkommensabhängige Zahlung des Elterngeldes auch mit einem Aufschieben von Elternschaftswünschen verbunden sein kann. Diese Gleichzeitigkeit von positiven und negativen Anreizen für Familienplanungen und –erweiterungen stehen den Interessen einer Erhöhung der totalen Fertilitätsrate letztendlich entgegen.

Eine mit der Einführung des Elterngeldes einhergehende mittlere erhöhte Beteiligung von Vätern an den Betreuungsleistungen für ihre Kinder lässt sich ebenso nicht feststellen. Die mit den Vätermonaten gesetzten Anreize für „aktive Vaterschaft" zeigen im Rahmen dieser Untersuchung keine Wirkung auf die täglichen Betreuungsleistungen von Vätern. Eine gegenderte Aufteilung von Erwerbs- und Sorgearbeit scheint weiterhin mit dem „Wendepunkt Geburt" einherzugehen. Innerhalb eines Ost-West-Vergleichs wurden erstmals die durchschnittlichen alltäglichen Betreuungsleistungen der Väter aus den neuen und den alten Bundesländern gegenübergestellt: Vor der Einführung des Elterngeldes waren ostdeutsche Väter durchschnittlich mehr an der Betreuung ihrer Kinder beteiligt als westdeutsche Väter. Als einflussreiche Faktoren väterlichen Engagements in ganz Deutschland wurden das Alter des Vaters sowie das Maß seiner beruflichen Einbindung ermittelt. Die Feststellung, dass jüngere Väter mehr Zeit mit der Kinderbetreuung verbringen, deutet auf eine zu vermutende Relevanz moderner Vorstellungen von Vaterschaft für ein höheres Engagement hin; der sehr ausgeprägte Einfluss der beruflichen Einbindung auf die Väterzeit mit Kindern verweist auf die Notwendigkeit der Einbeziehung der relevanten Bedingungen am Arbeitsplatz für die Untersuchung väterlichen Engagements.

Mit der Einführung des Elterngeldes lässt sich tatsächlich eine leicht erhöhte Erwerbsbeteiligung von Frauen ein Jahr nach der Geburt feststellen. Die mittleren Wochenstunden für Frauen mit einem 2007 geborenen Kind kündigen diese Tendenz auch für die Erwerbsbeteiligung von Müttern zwei Jahre nach der Geburt eines Kindes an. Es sind jedoch über alle Jahrgänge von Müttern hinweg immer noch circa 80 Prozent der Frauen, die ein Jahr nach der Geburt noch nicht (wieder) erwerbstätig sein möchten. Auch zwei Jahre nach der Geburt eines in 2007 geborenen Kindes gilt dies noch, und zwar für fast die Hälfte der Frauen in Ostdeutschland und etwas mehr als die Hälfte in Westdeutschland. Erstaunlich sind bei diesen Beobachtungen insbesondere die ähnlich gelagerten Nicht-Erwerbswünsche der Frauen in den neuen und den alten Bundesländern. Wünschen sich die Mütter der in 2007 geborenen Kinder jedoch eine Erwerbstätigkeit, dann werden deutliche Unterschiede in Ost und West deutlich: circa jede vierte Frau in Ostdeutschland möchte eine Erwerbstätigkeit in Vollzeit; in Westdeutschland ist es lediglich jede zwanzigste Frau. Im Rahmen dieser Ergebnisse stellt sich die Frage, inwieweit die Ausrichtung familienpolitischer Leistungen am Modell Vollzeiterwerbstätigkeit schon ein Jahr nach der Geburt eines Kindes an den Wünschen und Interessen von Müttern und Vätern vorbei geht. Diesbezüglich sind derzeit alternative Modelle der familialen Unterstützung wie das Betreuungsgeld oder auch das zeitlich ausdehnbare Teilzeitelterngeld im Gespräch.

Die Kernfunktion des Elterngeldes als familienpolitischem Instrument besteht – neben der Unterstützungsfunktion für Familien – in der Rahmung gesellschaftlichen Wandels. Für die Ziele der Umkehr des Geburtenrückgangs, der Aktivierung der Väter und eines schnelleren Wiedereinstiegs von Frauen nach der Geburt eines Kindes wurde das Elterngeld mit gezielt gesetzten Anreizen konzeptioniert. Diese Anreize bestehen zum einen in einer *Erweiterung des Handlungsraumes* für die höheren Einkommensgruppen, da sie sich durch das am Einkommen orientierte Elterngeld eher für ein Kind entscheiden können; auch Väter erfahren mit dem Elterngeld und den nur ihnen zugänglichen Vätermonaten neue Möglichkeiten, sich in einer modernen Vaterrolle zu versuchen. Teilweise sind die im Elterngeld enthaltenen Anreize allerdings auch im Sinne einer *Einschränkung des Handlungsraums* negativ gerichtet. Dazu gehört zum einen die Begrenzung der Leistung auf ein Jahr beziehungsweise 14 Monate: Hier besteht die Gefahr, dass noch stärker als mit dem vorher gezahlten Erziehungsgeld Mütter mit niedrigen und mittleren Einkommen sich *gezwungen* sehen, früher als gewünscht eine Erwerbstätigkeit aufzunehmen.

Eine Anreizwirkung ließ sich insgesamt lediglich in Bezug auf die Fertilität und die Erwerbsbeteiligung zeigen. So haben sich im Übergang zum Elterngeld die Zusammensetzungen der Mütter- und Vätergruppen in Bezug auf Alter oder Bildung deutlich verändert. In Bezug auf die Väterbeteiligung ließen sich jedoch keinerlei mit den Elterngeldleistungen einhergehenden Anreizwirkungen feststellen. Der Erfolg des Elterngeldes wird diesbezüglich bislang an der Nutzung von Elternzeiten durch Väter gemessen; in dieser Arbeit wurde die Untersuchung väterlicher Betreuung anhand *tatsächlich geleisteter Betreuungsstunden* vorgenommen. Leider ist die Aussagekraft dieser Daten begrenzt. Zum einen waren Angaben der Befragten von 0 bis 24 Stunden täglich möglich, zum anderen konnte nicht zwischen verschiedenen Tätigkeiten im Rahmen von Kinderbetreuung unterschieden werden. Eine Erweiterung vorhandener Datensätze ist notwendig, um den Wandel oder auch die Persistenz väterlicher Praxen adäquater einfangen zu können.

In allen hier untersuchten Bereichen zeigten sich bezüglich der Wirkungen des Elterngeldes deutliche und zum Teil erhebliche Unterschiede zwischen Ostdeutschland und Westdeutschland. Im Rahmen der Fertilitätsentscheidungen waren die Unterschiede besonders offensichtlich: in den neuen deutschen Bundesländern hat beispielsweise ein außerordentlich hoher Anteil von Kinderlosen den Übergang zum Elterngeld für die Verwirklichung vorhandener Kinderwünsche genutzt. Auch die Zahlen bezüglich der Väterbeteiligung und der Erwerbsbeteiligung von Frauen zeigten für die Zeit vor und nach dem Elterngeld deutliche Unterschiede in Ost und West auf. Eine Untersuchung familialer Tendenzen darf diese Verschiedenheiten

nicht unberücksichtigt lassen; Analysen sollten auch 20 Jahre nach der Wiedervereinigung für Ost- und Westdeutschland getrennt vorgenommen werden.

In der Analyse der mit dem Elterngeld einhergehenden Tendenzen in Ost und
West zeigte sich zudem, dass sowohl *ökonomische Kalküle* als auch *kulturelle Fak-
toren* die Entscheidungen von Menschen beeinflussen. Hier bieten sich weitere
Untersuchungen an, die neben der Berücksichtigung ökonomischer Grundlagen von
Entscheidungen auch nach den für das Verhalten von Eltern relevanten *kulturellen*
Momenten fragen.

In dieser Arbeit wurden kulturelle Erklärungsfaktoren wie Einstellungsmuster
oder Werthaltungen nicht miteinbezogen. Dass es notwendig ist, auch solche
Faktoren mit zu berücksichtigen, zeigten unter anderem der magere Erklärungsge-
halt der Regressionen zur Väterbeteiligung und Erwerbsbeteiligung von jungen
Müttern. Die relevanten sozioökonomischen Merkmale der postmodernen Welt sind
letztendlich, neben den in dieser Analyse herangezogenen Faktoren, auch Einstellungsmuster, Identitäts- und Wertvorstellungen sowie Ziele und Wünsche.

Literaturverzeichnis

Albert, Gert et al. (Hrsg.) (2005): Das Weber-Paradigma. Studien zur Weiterentwicklung von Max Webers Forschungsprogramm. Tübingen: Mohr Siebeck

Bäcker, Gerhard/Naegele, Gerhard/Bispinck, Reinhard/Hofemann, Klaus/Neubauer, Jennifer (2010): Sozialpolitik und soziale Lage in Deutschland. Band 2: Gesundheit, Familie, Alter und Soziale Dienste. Wiesbaden: VS Verlag für Sozialwissenschaften

Bauer, Gerrit/Jacob, Marita (2010): Fertilitätsentscheidungen im Partnerschaftskontext. Eine Analyse der Bedeutung der Bildungskonstellation von Paaren für die Familiengründung anhand des Mikrozensus 1996-2004. Kölner Zeitschrift für Soziologie. 62. 31-60

Becker, Gary (1995): The New Economics of Human Behaviour. Cambridge: Cambridge University Press

Beham, Barbara/Drobnič, Sonja (2011): Job demands and work-home interference: empirical evidence from service sector employees in eight European countries. In: Drobnič, Sonja/Guillén, Ana M. (2011): 95-119

Beham, Barbara/Präg, Patrick/Drobnič, Sonja (2010): Balance zwischen Erwerbstätigkeit und Familienleben: Eine vergleichende Studie unter Eltern in vier europäischen Ländern. In: Schmidt, Matthias/Schank, Christoph (2010): 81-104

Béland, Daniel (2010): What is Social Policy? Understanding the welfare state. Cambridge: Polity Press

Benard, Stephen/Correll, Shelley J. (2010): Normative discrimination and the motherhood penalty. In: Gender & Society. 24 (5). 616–646

Berger, Peter A./Kahlert, Heike (Hrsg.): Der demographische Wandel: Chancen für die Neuordnung der Geschlechterverhältnisse. Frankfurt/New York: Campus

Björklund, Anders (2006): Does family policy affect fertility? In: Journal of Population Economics. 19 (1). 3-24

Blossfeld, Hans-Peter/Drobnič, Sonja (Hrsg.) (2001): Careers of couples in contemporary society. From male breadwinner to dual earner families. Oxford/New York: Oxford University Press

Blossfeld, Hans-Peter/Drobnič, Sonja/Rohwer, Götz (2001): Spouses' employment careers in (West) Germany. In: Blossfeld, Hans-Peter/Drobnič, Sonja (2001): 53-76

Bonke, Jens/Esping-Andersen, Gøsta (2011). Family Investments in Children - Productivities, Preferences, and Parental Child Care. European Sociological Review. 27(1). 43-55

Brandth, Berit/Kvande, Elin (2009): Gendered or Gender-Neutral Care Politics for Fathers? In: The ANNALS of the American Academy of Political and Social Science. 624 (1). 177-189

Brose, Nicole (2008): Entscheidung unter Unsicherheit - Familiengründung und -erweiterung im Erwerbsverlauf. Kölner Zeitschrift für Soziologie und Sozialpsychologie. 60(1). 30-52

Brüderl, Josef/Schröder, Jette (2008): Der Effekt der Erwerbstätigkeit von Frauen auf die Fertilität. Zeitschrift für Soziologie. 37(2). 117-136

Bundesministerium der Justiz (BMJ): Bundeserziehungsgeldgesetz. Berlin: http://www.htw-berlin.de/documents/Hochschulleitung/Arbeitssicherheit/Bundeserziehungsgeldgesetz.pdf (31.08.11)

Bundesministerium der Justiz (BMJ): Gesetz zum Elterngeld und zur Elternzeit (Bundeselterngeld- und Elternzeitgesetz - BEEG). Berlin: http://www.gesetze-im-internet.de/beeg/BJNR274810006.html (31.08.11)

Bundesministerium für Bildung und Forschung (BMBF) (2011): Magazin des Bundesministeriums für Bildung und Forschung. Berlin: http://www.bmbf.de/pub/impulse_okt2011.pdf (30.11.11)

Bundesministerium für Familie, Senioren, Frauen und Jugend (BMFSFJ) (2005): Nachhaltige Familienpolitik: Zukunftssicherung durch einen Dreiklang von Zeitpolitik, finanzieller Transferpolitik und Infrastrukturpolitik, Gutachten von Prof. Dr. Hans Bertram, Wiebke Rösler, Nancy Ehlert. Berlin

Bundesministerium für Familie, Senioren, Frauen und Jugend (BMFSFJ) (2005): Erosion des männlichen Ernährermodells? Die Erwerbstätigkeit von Frauen mit Kindern unter 3 Jahren. Berlin

Bundesministerium für Familie, Senioren, Frauen und Jugend (BMFSFJ) (2006): Wachstumseffekte einer bevölkerungsorientierten Familienpolitik. Berlin: http://www.bmfsfj.de/BMFSFJ/Ser vice/ Publikationen/publikationen,did=86680.html (31.08.11)

Bundesministerium für Familie, Senioren, Frauen und Jugend (BMFSFJ) (2008a): Dossier: Elterngeld als Teil nachhaltiger Familienpolitik. Berlin: http://www.bmfsfj.de/BMFSFJ/Service/ Publikationen/ publikationen,did=108378.html (31.08.11)

Bundesministerium für Familie, Senioren, Frauen und Jugend (BMFSFJ) (2008b): Evaluation des Gesetzes zum Elterngeld und zur Elternzeit - Endbericht 2008. Berlin: http://www.bmfsfj.de/ BMFSFJ/Service/Publikationen/publikationen,did=113998.html (31.08.11)

Bundesministerium für Familie, Senioren, Frauen und Jugend (BMFSFJ) (2008c): Die innerfamiliale Aufgabenteilung beim Wiedereinstieg von Müttern in den Beruf. Berlin: http://www.bmfsfj. de/bmfsfj/generator/RedaktionBMFSFJ/Broschuerenstelle/Pdf-Anlagen/wieder-einstieg-aufgabenteilung-pdf,property=pdf,bereich=bmfsfj,sprache=de,rwb=true.pdf (20.09.11)

Bundesministerium für Familie, Senioren, Frauen und Jugend (BMFSFJ) (2009a): Elterngeld bei jungen Vätern immer beliebter. Berlin: http://www.bmfsfj.de/BMFSFJ/familie,did=132962.html (20.09.11)

Bundesministerium für Familie, Senioren, Frauen und Jugend (BMFSFJ) (2009b): Evaluationsbericht Bundeselterngeld- und Elternzeitgesetz 2009. Berlin: http://www.bmfsfj.de/BMFSFJ/Service/ Publikationen/publikationen,did=129496.html (31.08.11)

Bundesministerium für Familie, Senioren, Frauen und Jugend (BMFSFJ) (2010): Entgeltungleichheit zwischen Frauen und Männern. Einstellungen, Erfahrungen und Forderungen der Bevölkerung zum "gender pay gap". Berlin: http://www.bmfsfj.de/bmfsfj/generator/RedaktionBMFS FJ/Abteilung4/Pdf-Anlagen/entgeltungleichheit-sinusstudie,property=pdf,rwb=true.pdf (23.11.11)

Bundesministerium für Familie, Senioren, Frauen und Jugend (BMFSFJ) (2011): Familien Report 2010. Leistungen, Wirkungen, Trends. Berlin: http://www.bmfsfj.de/BMFSFJ/ Service/Publikationen/ publikationen,did=140786.html (03.10.11)

Bundesministerium für Familie, Senioren, Frauen und Jugend (BMFSFJ) (2005): Gender-Datenreport. 1. Datenreport zur Gleichstellung von Frauen und Männern in der Bundesrepublik Deutschland. München

Bundesrat (2010): Haushaltsbegleitgesetz 2011 - HBeglG 2011. http://www.bundesrat.de/Shared Docs/Beratungsvorgaenge/2010/0601-700/0680-10.html (31.08.11)

Burkart, Günter (2002): Entscheidung zur Elternschaft revisited. Was leistet der Entscheidungsbegriff für die Erklärung biographischer Übergänge? In: Matthias-Bleck, Heike/ Schneider, Norbert F. (2002): 23-48

BZgA (Hrsg.) (1996): Kontrazeption, Konzeption, Kinder oder keine. Dokumentation einer Expertentagung BZgA. Köln

Craig, Lyn (2006): Parental education, time in paid work and time with children: An Australian time-diary analysis. In: The British Journal of Sociology.57 (4). 553-575

Crompton, Rosemary (Hrsg.) (1999): The decline of the "Male Breadwinner"? Oxford: Oxford University Press

Deutscher Bundestag (2008): Unterrichtung durch die Bundesregierung. Bericht über die Auswirkungen des Bundeselterngeld- und Elternzeitgesetzes sowie über die gegebenenfalls notwendige Weiterentwicklung. http://dipbt.bundestag.de/dip21/btd/16/107/1610770.pdf (12.03.2010)

Deutsches Institut für Wirtschaftsforschung (DIW) (2006): Wirkungsstudie "Elterngeld". DIW Berlin: Politikberatung kompakt

Döge, Peter (2006): Männer als aktive Väter. Studie zum Rollenwandel von Männern in der Bundesrepublik Deutschland. Berlin: IAIZ

Döge, Peter / Volz, Rainer (2004): Was machen Männer mit ihrer Zeit? Zeitverwendung bundesdeut-
scher Männer nach den Ergebnissen der Zeitbudgeterhebung (ZBE) 2001/2002. In: Statistisches Bundesamt (2004)

Dressel, Christian/Cornelißen, Waltraud/Wolf, Karin (2005): Vereinbarkeit von Familie und Beruf.
In: BMFSFJ (2011): 266-341

Drobnič, Sonja (2010): Concluding thoughts on the societal context of housework. In: Drobnič,
Sonja/Treas, Judith (2010): 241-252

Drobnič, Sonja/ Blossfeld, Hans-Peter (2001): Careers of couples and trends in inequality. In: Blossfeld, Hans-Peter /Drobnič, Sonja (2001): 371-386

Drobnič, Sonja/Guillén, Ana M. (2011): Tensions Between Work and Home: Job Quality and Working Conditions in the Institutional Contexts of Germany and Spain. In: Social Politics: International Studies in Gender, State & Society. 18 (2). 232-268

Drobnič, Sonja/Guillén, Ana M. (Hrsg.) (2011): Work-life balance in Europe. The role of job quality.
Houndmills: Palgrave Macmillan

Drobnič, Sonja/Treas, Judith (2010): Dividing the domestic. Men, women, and household work in
cross-national perspective. Stanford: Stanford University Press

Edwards, Rosalind/Doucet, Andrea/Furstenberg, Frank F. (2009): Fathering across diversity and
adversity: International perspectives and policy interventions. In: The ANNALS of the American Academy of Political and Social Science. 624 (1). 6-11

Eggen, Bernd / Strantz, Cosima (2007): Luxus Familie? In: Statistisches Monatsheft Baden-
Württemberg, Heft 6. 21-26

Ehlert, Nancy/ Rüling, Anneli (2008): Elterngeld als Teil nachhaltiger Familienpolitik. Berlin: HUB

Ehmer, Josef (2004): Bevölkerungsgeschichte und historische Demographie 1800-2000. München:
R. Oldenbourg Verlag

Ehnis, Patrick (2009): Väter und Erziehungszeiten. Politische, kulturelle und subjektive Bedingungen
für mehr Engagement in der Familie. Sulzbach/Taunus: Helmer

Ellingsæter, Anne L. (2009): Leave policy in the Nordic welfare states: a 'recipe' for high employ-
ment/high fertility? In: Community, Work & Family. 12 (1). 1-19

Erler, Daniel (2009): Germany: taking a Nordic turn? In: Kamerman, Sheila B.; Moss, Peter (2009):
119-134

Espenshade, Thomas J. / Guzman, Juan C. / Westoff, Charles F. (2003): The Surprising Global Vari-
ation in Replacement Fertility. In: Population Research and Policy Review. 22 (5/6). 575–583

Esping-Andersen, Gøsta (1990): The Three Worlds of Welfare Capitalism. Cambridge: Polity Press

Eurostat (2011): Geschlechtsspezifisches Verdienstgefälle, ohne Anpassungen. http://epp.eurostat.ec.
europa.eu/tgm/table.do?tab=table&init=1&plugin=1&language=de&pcode=tsiem040
(20.10.11).

Feldhaus, Michael/Boehnke, Mandy (2008): Ungeplante Schwangerschaften - Wider das Ideal der
Naturbeherrschung? In: Rehberg, Karl S. (2008): 1680-1693

Friedman, Dedra/Hechter, Michael/Kanazawa, Satoshi (1994): A Theory of the Value of Children.
In: Demography. 31. 375-401

Gangl, Markus/ Ziefle, Andrea (2009): Motherhood, labor force behavior, and women's careers: An
empirical assessment of the wage penalty for motherhood in Britain, Germany, and the United
States. In: Demography. 46 (2). 341-369

Geisler, Esther/Kreyenfeld, Michaela (2011): Against all odds: Fathers' use of parental leave in
Germany. In: Journal of European Social Policy. 21 (1). 88–99

Geissler, Birgit/Oechsle, Mechtild (1996): Lebensplanung junger Frauen. Zur widersprüchlichen
Modernisierung weiblicher Lebensläufe. Weinheim: Deutscher Studienverlag

Geißler, Rainer (2004): Sozialer Wandel in Deutschland. In: Informationen zur politischen Bildung
(269):
http://www.bpb.de/publikationen/7WF4KK,0,Struktur_und_Entwicklung_der_Bevölkerung.ht
ml (31.08.11)

Groß, Thomas (2007): Familienpolitische Regulierungen im internationalen Vergleich. Hamburg: Diplomica Verlag GmbH

Grunow, Daniela/Schulz, Florian/Blossfeld, Hans-Peter (2007): Was erklärt die Traditionalisierungsprozesse häuslicher Arbeitsteilung im Eheverlauf? Soziale Normen oder ökonomische Ressourcen? Zeitschrift für Soziologie. 36(3). 162-181

Gupta, Dipak K. (2011): Analyzing Public Policy. Concepts, Tools, and Techniques. Washington: CQ Press

Hakim, Catherine (1999): Models of the family, women's role and social policy: a new perspective from Preference Theory. European Societies. 1999 (1). 25-50

Halrynjo, Sigtona (2009): Men's work-life conflict: Career, care and self-realization: Patterns of privileges and dilemmas. In: Gender, Work & Organization. 16 (1). 98-125

Helfferich, Cornelia/Kandt, Ingrid (1996): Wie kommen Frauen zu Kindern – Die Rolle von Planung, Wünschen und Zufall im Lebenslauf. In: BZgA (Hrsg.): 51-78

Henninger, Annette/Wimbauer, Christine/Dombrowski, Rosine (2008): Demography as a push toward gender equality? Current reforms of German family policy. In: Social Politics. 15 (3). 287-314

Henry-Huthmacher, Christine (2005): Kinderbetreuung in Deutschland – Ein Überblick. http://www.kas.de/wf/de/33.6753/ (31.08.11)

Hobson, Barbara (Hrsg.) (2002): Making men into fathers. Men, masculinities, and the social politics of fatherhood. Cambridge/New York: Cambridge University Press

Hobson, Barbara/Fahlén, Susanne (2009): Competing Scenarios for European Fathers: Applying Sen's Capabilities and Agency Framework to Work-Family Balance. In: The ANNALS of the American Academy of Political and Social Science. 624 (1). 214-233

Huinink, Johannes (2003): Familie und Gesellschaft. http://www.ssoar.info/fileadmin/php/download.php ?url=/ssoar/files/usbkoeln/2009/105/familiegesellschaft.pdf (16.09.11)

Jamieson, Lynn et al. (2010): Fertility and social change: the neglected contribution of men's approaches to becoming partners and parents. The Sociological Review. 58(3). 463-485

Jurczyk, Karin/Lange, Andreas (Hrsg.) (2009): Vaterwerden und Vatersein heute. Neue Wege - neue Chancen! Gütersloh: Bertelsmann Stiftung

Jurczyk, Karin/Lange, Andreas/Szymenderski, Peggy (2005): Zwiespältige Entgrenzungen: Chancen und Risiken neuer Konstellationen zwischen Familien- und Erwerbstätigkeit. In: Mischau, Anina/Oechsle, Mechtild (Hrsg.): 13-33

Jurczyk, Karin/Rauschenbach, Thomas (2009): Elternzeit als Impuls für väterliches Engagement. Ein Vorreiter der Väterpolitik? In: Jurczyk, Karin/Lange, Andreas (Hrsg.): 345-368

Kamerman, Sheila B./Moss, Peter (Hrsg.) (2009): The politics of parental leave policies. Bristol: Policy Press

Kan, Man Yee/Sullivan, Oriel/Gershuny, Jonathan (2011): Gender convergence in domestic work: Discerning the effects of interactional and institutional barriers from large-scale data. In: Sociology. 45 (2). 234-251

Kaufmann, Franz-Xaver et al. (Hrsg.): Family Life and Family Policies in Europe. Oxford: Oxford University Press

Klenner, Christina/Pfahl, Svenja (2008): Jenseits von Zeitnot und Karriereverzicht. Wege aus dem Arbeitszeitdilemma. Arbeitszeiten von Müttern, Vätern und Pflegenden. WSI Diskussionspapier 158

Knijn, Trudie/Smit, Arnoud (2009): Investing, facilitating, or individualizing the reconciliation of work and family life: Three paradigms and ambivalent policies. Social Politics. 16(4). 484-518

Konietzka, Dirk/Kreyenfeld, Michaela (2002): Women's employment and non-marital childbearing: a comparison between East and West Germany in the 1990s. Population. 57 (2). 331-357

Kreyenfeld, Michaela/Konietzka, Dirk/Böhm, Sebastian (2007): Die Bildungsungleichheit des Erwerbsverhaltens von Frauen mit Kindern. Westdeutschland im Vergleich zwischen 1976 und 2004. Zeitschrift für Soziologie. 36 (6). 416-434

Levy, René/Ernst, Michelle (2002): Lebenslauf und Regulation in Paarbeziehungen: Bestimmungsgründe der Ungleichheit familialer Arbeitsteilung. In: Zeitschrift für Familienforschung. 14. 103-131

Lewis, Jane (1992): Gender and the development of welfare regimes. Journal of European Social Policy. 2. 159-173

Lewis, Jane et al. (2008): Patterns of Development in Work/Family Reconciliation Policies for Parents in France, Germany, the Netherlands, and the UK in the 2000s. In: Social Politics. 15 (3). 261-286

Lewis, Jane/Ostner, Ilona (1994): Gender and the Evolution of European Social Policy. Working Paper 4 of the Centre for Social Policy Research. University of Bremen: http://www.zes.uni-bremen.de/ccm /research/dateien/datei_gender-and-the-evolution-of-european-social-policies. en?lang=de (20.10.11)

Matthias-Bleck, Heike/Schneider, Norbert F. (2002): Elternschaft heute. Zeitschrift für Familienforschung, Sonderheft 2. Opladen: Leske + Budrich

Mischau, Anina/Oechsle, Mechtild (Hrsg.) (2005):Arbeitszeit - Familienzeit - Lebenszeit: Verlieren wir die Balance? Wiesbaden: VS Verlag

Mühling, Tanja et al. (2006): Kontinuität trotz Wandel – Die Bedeutung traditioneller Familienleitbilder für die Berufsverläufe von Müttern und Vätern. Weinheim/München: Juventa Verlag

Münz, Rainer (2011): Fertilität und Geburtenentwicklung. Berlin-Institut für Bevölkerung und Entwicklung. Berlin: http://www.aeltere-arbeitnehmer.de/public/lexicon/Texte/Fertilitaet/ Muenz_Lebhart_ Fertilitaet.pdf (20.10.11)

Nulsch, Nicole/Dannenberg, Henry (2008): Parenting Benefit – A New Risk for Companies. In: Economy in Change. 7. 289-296

O'Brien, Margaret/Brandth, Berit/Kvande, Elin (2007): Fathers, work and family life. In: Community, Work & Family. 10 (4). 375-386

OECD (2010): Total population: Total fertility rates. Paris: http://www.oecd-ilibrary. org/sites/factbook-2010-en/01/01/01/index.html?contentType=&itemId=/content/chapter/fact book-2010-1-en&containerItemId=/content/serial/18147364&accessItemIds=&mimeType =text/html (01.10.11)

Olson, Kevin (2002): Recognising gender, redistributing labor. Social Politics. 9. 380-410

Orton, Michael (2011): Flourishing lives: the capabilities approach as a framework for new thinking about employment, work and welfare in the 21st century. In: Work, Employment & Society. 25 (2). 352–360

Ostner, Ilona (2002): A new role for fathers? The German case. In: Hobson, Barbara (Hrsg.): 150-167.

Ostner, Ilona (2006): Paradigmenwechsel in der (west)deutschen Familienpolitik. In: Berger, Peter A./Kahlert, Heike (Hrsg.): 165-199

Petersen, Thiess/Lübcke, Britta (2006): Elternschaft als ökonomisches Entscheidungsproblem: modell-theoretische Grundlagen und familienpolitische Konsequenzen. Zeitschrift für Bevölkerungswissenschaft. 31 (2). 187-230

Pfau-Effinger, Birgit (1996): Analyse internationaler Differenzen in der Erwerbsbeteiligung von Frauen - theoretischer Rahmen und empirische Ergebnisse. Kölner Zeitschrift für Soziologie und Sozialpsychologie. 48 (4). 62-492

Pfau-Effinger, Birgit (1998a): Der Mythos von der Hausfrauenehe. Entwicklungspfade der Familie in Europa. Soziale Welt. 49 (2). 167-182

Pfau-Effinger, Birgit (1998b): Gender cultures and the gender arrangement - a theoretical framework for cross-national comparisons on gender. Innovation: the European Journal of Social Sciences. 11 (1). 47-166

Pfau-Effinger, Birgit (1999): The modernization of motherhood in Western Europe in cross-national perspective. In: Crompton, Rosemary (Hrsg.)

Pfau-Effinger, Birgit (2000): Kultur und Frauenerwerbstätigkeit in Europa. Theorie und Empirie des internationalen Vergleichs. Opladen: Leske+ Budrich

Pfau-Effinger, Birgit (2004): Development of culture, welfare states and women's employment in Europe. Farnham: Ashgate Publishing Company

Pfau-Effinger, Birgit (2005a): Welfare State Policies and care arrangements. In: European Societies. 7 (2). 321-347

Pfau-Effinger, Birgit (2005b): Wandel der Geschlechterkultur und Familienpolitiken in konservativen Wohlfahrtsstaaten – Deutschland, Österreich und Schweiz. Tagungsbeitrag zur internationalen Tagung „Kulturelle Hegemonie und Geschlecht als Herausforderung im europäischen Einigungsprozess". Freie Universität Berlin: www.fu-berlin.de/gpo/kulturelleHegemonie.htm (20.08.11)

Pfau-Effinger, Birgit (2009): Kulturelle Grundlagen des Wandels von Wohlfahrtsstaaten. Österreichische Zeitschrift für Soziologie. 34 (3). 3-21

Pfau-Effinger, Birgit (2010): Cultural and institutional contexts. In: Drobnič, Sonja/Treas, Judith (Hrsg.): 125-146

Pfau-Effinger, Birgit (2011a): Family childcare in the cultural and institutional context of European societies. In: Pfau-Effinger, Birgit / Rostgaard, Tine (Hrsg.)

Pfau-Effinger, Birgit (2011b): Comparing path dependence and path departure in family policy development – the example of Germany and Finland. http://espanet2011.files.wordpress.com /2011/08/ st18_pfau-effinger_op_sin_caratula.pdf (20.10.11)

Pfau-Effinger, Birgit/ Rostgaard, Tine (Hrsg.) (2011c): Care between work and welfare in European societies. London/Chicago: Palgrave

Pfau-Effinger, Birgit/Smidt, Maike (2011): Differences in Women's Employment Patterns and Family Policies. Eastern and Western Germany, Community, Work & Family. 14 (2). 217-232

Pollmann-Schult, Matthias (2008): Familiengründung und gewünschter Erwerbsumfang von Männern - Eine Längsschnittstudie für die alten Bundesländer. Zeitschrift für Soziologie. 37 (6). 498-515

Ranson, Gillian (2001): Men at work: Change or no change? In the era of the "New Father". In: Men and Masculinities. 4 (1). 3-26

Rehberg, Karl S. (2008): Die Natur der Gesellschaft: Verhandlungen des 33. Kongresses der Deutschen Gesellschaft für Soziologie in Kassel 2006. Frankfurt am Main: Campus Verlag

Reich, Nora (2011): Predictors of Fathers' Use of Parental Leave in Germany. In: Population Review. 50 (2). 1-22

Reichart, E. (2007): Doppelte Transformation des Ernährermodells? Eine Längsschnittstudie zur Erwerbsarbeitsteilung bei ost- und westdeutschen Paaren nach der Geburt des ersten Kindes. Würzburg: Ergon-Verlag.

Rürup, Bert/Gruescu, Sandra (2003): Nachhaltige Familienpolitik im Interesse einer aktiven Bevölkerungsentwicklung. Gutachten im Auftrag des Bundesministeriums für Familie, Senioren, Frauen und Jugend. Bonn

Sackmann, Reinhold (1999): Ist ein Ende der Fertilitätskrise in Ostdeutschland absehbar? In: Zeitschrift für Bevölkerungswissenschaft. 24. 187-211

Schmidt, Matthias/Schank, Christoph (Hrsg.) (2010): Die Metropolregion Berlin vor demografischen und gesellschaftlichen Herausforderungen. München/Mering: Rainer Hampp Verlag

Schmitt, Christian (2003): Kinderlose Männer in Deutschland - Eine sozialstrukturelle Bestimmung auf Basis des Sozio-oekonomischen Panels (SOEP). DIW Berlin

Schnädelbach, Herbert (2003): Die Sprache der Werte. In: Albert, Gert et al.: 97-110

Schneider, Norbert F./ Matthias-Bleck, Heike (Hrsg.): Elternschaft heute. Gesellschaftliche Rahmenbedingungen und individuelle Gestaltungsaufgaben. Opladen: Leske + Budrich

Schulz, Florian/Blossfeld, Hans-Peter (2006): Wie verändert sich die häusliche Arbeitsteilung im Eheverlauf? Eine Längsschnittstudie der ersten 14 Ehejahre in Westdeutschland. In: Kölner Zeitschrift für Soziologie und Sozialpsychologie. 58. 23-49

Schulz, Florian/Blossfeld, Hans-Peter (2009): Enttraditionalisierung und Traditionalisierung der Arbeitsteilung im Haushalt. Beide Seiten sind wichtig. Eine Antwort auf Johannes Kopp. In: Kölner Zeitschrift für Soziologie und Sozialpsychologie. 61 (1). 124-128

Sen, Amatya K. (1988): The standard of living. Cambridge: Cambridge University Press

Spiess, C. Katharina/Wrohlich, Katharina (2006): The Parental Leave Benefit Reform in Germany: Costs and Labour Market Outcomes of Moving towards the Scandinavian Model. IZA Discussion Paper 2372

Statistisches Bundesamt (2003): Wo bleibt die Zeit? Die Zeitverwendung der Bevölkerung in Deutschland 2001/02. Berlin

Statistisches Bundesamt (2004): Alltag in Deutschland. Analysen zur Zeitverwendung, Stuttgart: Metzler- Poeschel

Statistisches Bundesamt (2008): Verdienstabstand zwischen Frauen und Männern: Erziehungsbedingte Erwerbsunterbrechungen schaden der Karriere. Wiesbaden: http://www.destatis.de/ jetspeed/portal/cms/Sites/destatis/Internet/DE/Content/Publikationen/STATmagazin/Verdien steArbeitskosten/2008__8/2008__8Verdienste,templateId=renderPrint.psml (19.10.11)

Statistisches Bundesamt (2009a): Kindertagesbetreuung regional 2008 – Ein Vergleich aller 429 Kreise in Deutschland. Karten nach Kreisen. http://www.destatis.de/jetspeed/portal/cms/ Sites/destatis/Internet /DE/Content/Publikationen/Fachveroeffentlichungen/Sozialleistungen/Ki taRegionalKarten2008.psml (31.08.11)

Statistisches Bundesamt (2009b): Die meisten Väter beziehen weiterhin zwei Monate Elterngeld. Wiesbaden: http://www.destatis.de/jetspeed/portal/cms/Sites/destatis/Internet/DE/Presse/pm/20 09/08/ PD09__315__22922.psml (20.09.11)

Statistisches Bundesamt (2010): Alles beim Alten: Mütter stellen Erwerbstätigkeit hintenan. http://www.destatis.de/jetspeed/portal/cms/Sites/destatis/Internet/DE/Content/Publikationen/S TATmagazin/Arbeitsmarkt/2010__03/2010__03PDF.psml (31.08.11)

Statistisches Bundesamt (2010): Väterbeteiligung beim Elterngeld steigt auf 23%. Wiesbaden: http://www.destatis.de/jetspeed/portal/cms/Sites/destatis/Internet/DE/Presse/pm/2010/12/PD10 __442__22922.psml (20.09.11)

Statistisches Bundesamt (2011a): Geborene und Gestorbene in Deutschland. Wiesbaden: http://www.destatis.de/jetspeed/portal/cms/Sites/destatis/Internet/DE/Content/Statistiken/Zeitr eihen/LangeReihen/Bevoelkerung/Content100/lrbev04a,templateId=renderPrint.psml (26.08.2011)

Statistisches Bundesamt (2011b): Durchschnittliche Kinderzahl je Frau. Wiesbaden: http://www.destatis.de/jetspeed/portal/cms/Sites/destatis/Internet/DE/Content/Statistiken/Bevo elkerung/GeburtenSterbefaelle/Tabellen/Content50/GeburtenZiffer,templateId=renderPrint. psml (26.08.2011)

Statistisches Bundesamt (2011c): Zusammengefasste Geburtenziffer der Kalenderjahre. Wiesbaden: http://www.destatis.de/jetspeed/portal/cms/Sites/destatis/Internet/DE/Grafiken/Bevoelkerung/ Diagramme/Geburtenziffer.psml (20.10.11)

Strohmeier, K. P. (2002): Family Policy? How does it work? In: Kaufmann, Franz-Xaver et al. (Hrsg.): 326-370

Sullivan, Oriel et al. (2009): Father-friendly policies and time-use data in a cross-national context: Potential and prospects for future research. In: The ANNALS of the American Academy of Political and Social Science. 624 (1). 234-254

Tagge, Sven (2008): Institutionelle Bestimmungsfaktoren der Fertilität. Hamburg: Dr. Kovac

Thebaud, Sarah (2010): Masculinity, bargaining, and breadwinning: Understanding men's housework in the cultural context of paid work. In: Gender & Society. 24 (3). 330-354

Theunissen, Gert et al. (2009): Career sidestep, wage setback? The impact of different types of employment interruptions on wages. In: Gender, Work & Organization. 18 (1). 110-131

Ullrich, Carsten G. (2005): Soziologie des Wohlfahrtsstaates: Eine Einführung. Frankfurt/Main: Campus Verlag

Walter, Wolfgang/Künzler, Jan (2002): Parentales Engagement. Mütter und Väter im Vergleich. In: Schneider, Norbert/Matthias-Bleck, Heike (Hrsg.): 96-119

If you have any concerns about our products,
you can contact us on
ProductSafety@springernature.com

In case Publisher is established outside the EU,
the EU authorized representative is:
**Springer Nature Customer Service Center GmbH
Europaplatz 3, 69115 Heidelberg, Germany**

Printed by Libri Plureos GmbH
in Hamburg, Germany